KARL-JÜRGEN BIEBACK

Die Mitwirkung der Beschäftigten in der öffentlichen Verwaltung

Schriften zum Öffentlichen Recht

Band 451

Die Mitwirkung der Beschäftigten in der öffentlichen Verwaltung

untersucht am Beispiel der öffentlichen Verwaltung
durch personale Dienstleistungen

Von

Karl-Jürgen Bieback

DUNCKER & HUMBLOT / BERLIN

CIP-Kurztitelaufnahme der Deutschen Bibliothek

Bieback, Karl-Jürgen:
Die Mitwirkung der Beschäftigten in der öffentlichen Verwaltung — untersucht am Beispiel der
öffentlichen Verwaltung durch personale Dienstleistungen / von Karl-Jürgen Bieback. —
Berlin: Duncker und Humblot, 1983.
    (Schriften zum öffentlichen Recht; Bd. 451)
    ISBN 3-428-05468-7
NE: GT

Vorwort

Schon seit mehreren Jahren gibt es in vielen Bereichen der öffentlichen Verwaltung Formen der Mitwirkung der Bediensteten bei der fachlich-inhaltlichen Erledigung der Verwaltungsaufgabe (fachlich-direktive Mitwirkung). Diese Formen modifizieren den herkömmlichen Modus der hierarchischen Verwaltung erheblich. Auf Bedenken stoßen sie insbesondere deshalb, weil sie die demokratische Legitimationskette vom Volk über das Parlament und über die ministerielle Exekutivspitze zur Verwaltung zu durchbrechen scheinen. Die verschiedenen Formen der fachlich-direktiven Mitwirkung sind in der Literatur und zum Teil in der Rechtsprechung zwar jeweils einzeln, aber bisher nicht zusammenhängend erörtert worden. Eine solche erste und sicher noch vorläufige zusammenfassende Analyse ist Ziel dieser Arbeit.

Die Formen der fachlich-direktiven Mitwirkung werden im Teil I kurz geschildert und auf ihre wesentlichen gemeinsamen Merkmale hin analysiert. Im Teil II sollen politik- und verwaltungswissenschaftliche Aspekte der fachlich-direktiven Mitwirkung erörtert werden. Dabei steht die Frage im Mittelpunkt, ob nicht wegen der Besonderheiten der Verwaltungsaufgabe eine fachlich-direktive Mitwirkung der Bediensteten für die sachgerechte Erledigung und für die parlamentarische Kontrolle und Verantwortung der Verwaltungsaufgabe sinnvoll ist. Teil III greift diese Fragen im Rahmen der Untersuchung über die verfassungsrechtliche Problematik der fachlich-direktiven Mitwirkung im öffentlichen Dienst wieder auf.

Die Arbeit will die Spielräume aufzeigen, innerhalb derer es praktisch sinnvoll und verfassungsrechtlich möglich erscheint, Formen fachlich-direktiver Mitwirkung im öffentlichen Dienst einzuführen. Sie will zeigen, daß es weder faktisch noch rechtlich eindeutig nachweisbare optimale und gebotene Organisationsformen der öffentlichen Verwaltung durch personale Dienstleistungen gibt. Um hier auch nur etwas mehr Gewißheit zu erhalten, als diese Arbeit vermitteln konnte, wären umfangreichere praktische Erprobungen und empirische Untersuchungen über die zahlreichen Modelle fachlich-direktiver Mitwirkung notwendig.

Hamburg im Juni 1983

Karl-Jürgen Bieback

Inhaltsverzeichnis

I. Bestand und Typen fachlicher Mitwirkung
im öffentlichen Dienst

Während die ehrenamtliche, bürgerschaftliche Mitwirkung und Selbstverwaltung der Bürger und die Mitbestimmung der Bediensteten in den Personalvertretungen wie in den Wirtschaftsunternehmen und Eigenbetrieben der öffentlichen Hand im Zentrum gesetzgeberischer und politischer Aktivitäten und rechtswissenschaftlicher Diskussionen standen und zum Teil noch stehen[1], gibt es zahlreiche, neuere Formen der Mitwirkung der Bediensteten im kulturellen, sozialpflegerischen und schulischen Bereich, die sich auf die *Inhalte der Verwaltungtätigkeit* und die *Organisation der Verwaltung beziehen,* aber dennoch allenfalls als Einzelprobleme Aufmerksamkeit erregt haben. Diese neueren Mitwirkungsformen sollen im folgenden zusammenhängender beschrieben, von ihrer Funktion her analysiert und auf ihre verfassungsrechtliche Problematik hin untersucht werden.

1. Die Formen fachlicher Mitwirkung[2]

a) Fachlich-amtsbezogene Mitwirkung der Bediensteten

Kaum als Mitbestimmung zu bezeichnen ist die nicht-direktive, *fachlich-amtsbezogene Mitwirkung der Bediensteten,* die im wesentlichen der Effektivierung und Rationalisierung von Entscheidungsprozessen dient[3]. Ihre Formen sind vielfältig und reichen von reiner In-

---

[1] Zum Personalvertretungsrecht vgl.: Söllner, Die Personalvertretungen im Spannungsfeld zwischen sozialem Schutzauftrag und demokratischer Regierungsverantwortung, RdA 1976, S. 64 ff. Zur bürgerschaftlichen Mitwirkung und Selbstverwaltung vgl. Schmitt Glaeser, Partizipation im öffentlichen Dienst, DÖV 1974, S. 152 ff.; J. Faber, Personalvertretung und Mitbestimmung im öffentlichen Dienst in der Bundesrepublik Deutschland und in Frankreich, 1979. Zur Mitbestimmung in Wirtschaftsunternehmen und Eigenbetrieben der öffentlichen Hand vgl.: Püttner, Die Mitbestimmung in kommunalen Unternehmen nach dem GG, 1972, S. 10 ff.; Reschke, Mitbestimmung und Mitwirkung in öffentlichen Institutionen, in: H.-J. v. Oertzen (Hrsg.), „Demokratisierung" und Funktionsfähigkeit der Verwaltung, 1974, S. 112 ff.; Leisner, Mitbestimmung im öffentlichen Dienst, 1970, passim.

[2] Vgl. zu anderen Übersichten und Einleitungen: Siedentopf, Funktion und allgemeine Rechtstellung — Analyse der Funktionen des öffentlichen Dienstes, in: Studienkommission für die Reform des öffentlichen Dienstrechts, Bd. 8, 1973, S. 151 ff.; Schmitt Glaeser (I Anm. 1).

formationssammlung bei den Bediensteten, der Anhörung der unmittelbar ausführenden Bediensteten, über die Delegation von Verantwortung, die Arbeit in Teams und autonomen Gruppen etc. bis hin zur Mitwirkung bei der Vorgesetztenwahl.

Nach einigen Reformen im Bereich der politischen Planung und Leitung, insbes. auf Ministerialebene sind das wohl am weitesten verbreitete neuere Beispiel die verschiedenen Ansätze zur Reform der Organisation der Sozialarbeit[4]. Sie arbeiten im wesentlichen mit folgenden Elementen: Zentralisierung der zusammengehörigen Zweige der Sozial-, Jugend- und Gesundheitsverwaltung auf der Leitungsebene bei gleichzeitiger Dekonzentration und Regionalisierung der Aufgaben; Delegation von Verantwortung und Entscheidungskompetenz; selbständige, interne Kooperation der verschiedenen Zweige und Dienststellen unterhalb der Leitungsebene in Teams und zwischen Teams; Wahl von Arbeitsgruppensprechern einzelner Dienststellen; Modifizierung des Weisungsrechts des unmittelbaren Dienstvorgesetzten durch die Einbindung und Überprüfung dieser Weisungen durch kollegiale Gremien und Devolutionsrechte der Untergebenen. Zwar halten sich diese Formen alle im Rahmen des herkömmlichen Modells bürokratisch-hierarchischer Verwaltung[5], einige, wie z. B. die Arbeit in Teams und in autonomen Arbeitsgruppen wie auch die Mitwirkung bei der Bestellung des Vorgesetzten, verwirklichen zugleich auch ein größeres Maß an selbstorganisierter Kooperation und eigenverantwortlicher Mitwirkung bei der Aufgabenerledigung.

b) Fachlich-direktive Mitwirkung in Leitungsgremien verselbständigter Verwaltungseinheiten

Über den Ausbau der betrieblichen Mitbestimmung auf wirtschaftlichem Gebiet, wie sie z. B. in der wirtschaftlichen Mitbestimmung des

---

[3] Vgl. hierzu: Reichard, Betriebswirtschaftslehre der öffentlichen Verwaltung, 1977, S. 111 ff., 162 ff.; Laux, Management-Modelle für die öffentliche Verwaltung, DVBl. 1972, S. 167 ff.; ders., Führung und Führungsorganisation in der öffentlichen Verwaltung, 1975; Böhret / Junkers, Führungskonzepte für die öffentliche Verwaltung, 1976; sowie die praktischen Beispiele bei Stingl, Oeftering, Gscheidle, Suhle, in: Hartkopf u. a., Modernes Management im öffentlichen Dienst, 1971, S. 27 ff., 39 ff., 59 ff., 111 ff. Würtenberger, Verwaltungsführung im demokratischen Staat, BayVBl. 1978, 565 ff., 568.

[4] Vgl. die Überblicke bei Pitschas, Die Neuorganisation der sozialen Dienste im Land Berlin, Archiv für Wissenschaft und Praxis der sozialen Arbeit, 1976, S. 50 ff.; sowie die Beiträge von Kühn, P. Schäfer, Bronke / Wenzel, Leppin / Tersteegen, in: Neue Praxis, Sonderheft 5, 1980, „Sozialarbeit als Sozialbürokratie", S. 90 ff., 106 ff., 121 ff., 196 ff.

[5] So ausdrücklich Schellhorn, Probleme der Organisation sozialer Dienste, Archiv für Wissenschaft und Praxis der sozialen Arbeit, 1980, S. 58 ff.; Scholz, Soziale Dienste und Verwaltungsreform, VSSR 1973/74, S. 283 ff.; Kühn (I Anm. 4), S. 101 f.

Betriebsrates gem. §§ 106 ff. Betriebsverfassungsgesetz besteht, hinaus gibt es noch weitergehende Ansätze in der Weise, daß in den *Leitungsgremien verselbständigter Verwaltungseinheiten Bedienstete vertreten sind*, ohne daß die Tätigkeit dieser Leitungsgremien gegenständlich auf den sozialen, personellen und organisatorischen Bereich beschränkt ist. Hier bezieht sich die Mitbestimmung also auf die Erfüllung der Verwaltungsaufgabe *(fachlich-direktive Mitwirkung)*, da die Leitungsgremien nicht nur allgemeine Kontrollrechte haben, sondern auch den Vorstand / Geschäftsführer wählen und die grundlegenden Verwaltungsentscheidungen selbst treffen können. Diese Form der Mitbestimmung gibt es einmal bei der Bundespost (und bedingt auch bei der Bundesbahn)[6], sodann vor allem in den Eigenbetrieben[7] und Sparkassen[8] der Länder. Am weitesten geht hier § 67 HessPersVG in der ab 1. 1. 1978 inkraft getretenen Fassung: hiernach sind in den Verwaltungsräten aller selbständigen Anstalten der öffentlichen Hand ein Drittel der Mitglieder von den Beschäftigten zu stellen[9], während in den anderen Ländern diese Vertretungsrelation auf die Eigenbetriebe und die Sparkassen beschränkt wird. Soweit die Länder Krankenhausgesetze erlassen haben, halten diese zwar an dem traditionellen System der kollegialen Leitung durch das Direktorium (leitender Arzt, leitende Pflegeperson und Leiter der Verwaltung) fest, enthalten jedoch z. T. Gremien mit meist beratender Mitwirkung der Beschäftigten[10] und allgemeinen Öffnungsklauseln für andere Organisationsformen[11]. Deshalb gibt es auch zahlreiche andere Modelle[12], wie die mit Repräsentanten aller Beschäftigungsgruppen besetzte Krankenhauskonferenz in einem öffentlichen Krankenhaus nach dem sogenannten Hanauer Modell oder die genossenschaftlich-kollegiale Leitung eines privaten Krankenhauses nach dem sogenannten Herdecker-Modell.

---

[6] Vgl. § 5 Postverwaltungsgesetz (7 von 24 Mitarbeitern); § 10 Bundesbahngesetz (eine gleiche Anzahl von Gewerkschafts- wie Wirtschaftsvertretern).

[7] Meist mit einem Drittel oder weniger der Sitze in dem Gremium mit Aufsichtsratsfunktionen. Vgl. allgemein Püttner (I Anm. 1), Reschke (I Anm. 1).

[8] Vgl. Anm. 7 sowie SparkassenG NRW v. 2. 7. 75 § 8 Abs. 1 Nr. c, § 41 Abs. 1 Nr. h; Hessen v. 2. 1. 73 § 5 Abs. 2 Nr. 3; Schleswig-Holstein v. 20. 12. 1977 § 8 Abs. 2, § 10.

[9] Ähnlich § 104 a Abs. 1 PersVG Nds i. d. F. v. 1. 6. 78 für die wirtschaftlichen Einrichtungen der öffentlichen Hand und PersVG Bremen v. 5. 3. 74 § 68 (in den wirtschaftlichen Einrichtungen der öffentlichen Hand 1/2 der Sitze).

[10] § 18 KrhausG NRW v. 25. 2. 75; § 17 Abs. 4 KrhausG B-W v. 16. 12. 75; § 12 KrankenhausreformG RhldPf v. 29. 6. 73: die ärztlichen Mitarbeiter haben die Hälfte der Sitze im ärztlichen Vorstand, der gewisse fachliche Entscheidungsbefugnisse hat, die Krankenhauskonferenz hat gem. § 13 nur beratende Funktion.

[11] § 17 Abs. 2 KrhausG NRW; § 17 Abs. 4 KrhausG BW: der Krankenhausträger kann dem von den Ärzten gewählten ärztlichen Beirat auch Entscheidungsfunktionen übertragen.

[12] Vgl. die schon ältere Zusammenfassung der Modelle bei: Vilmar, Strategien der Demokratisierung, Bd. 2, 1973, S. 297 ff.

Zu diesen Formen der fachlich-direktiven Mitwirkung in verselbständigten Verwaltungseinheiten kann auch die Mitbestimmung an den Universitäten gezählt werden.

Die Mitbestimmung in den privatwirtschaftlich organisierten Wirtschaftsunternehmen der öffentlichen Hand, die z. T. auf Vereinbarungen mit den Gewerkschaften bzw. auf Selbstverpflichtungen der Kommunen[13], neuerdings z. T. auf dem Mitbestimmungsgesetz von 1976 beruht, muß auch zur Mitbestimmung im öffentlichen Dienst gezählt werden. Zwar sind diese Unternehmen privatrechtlich organisiert und unterstehen damit nicht dem öffentlichen Dienst- und Organisationsrecht. Sie nehmen aber oft materiell Verwaltungsaufgaben im Bereich der Infrastruktur (Verkehr, Energieversorgung etc.) wahr und unterliegen zahlreichen, besonderen öffentlich-rechtlichen Bindungen[14].

c) Fachlich-direktive Mitwirkung
innerhalb der allgemeinen Verwaltungsorganisation

Ansätze einer *fachlich-direktiven Mitbestimmung innerhalb der allgemeinen Verwaltung* gibt es im kulturellen, sozial- und bildungspolitischen Bereich. So sind Formen fachlich-direktiver Mitwirkung in den Hochschulen, in Museen[15] und Theatern[16] sowie Einrichtungen der außerschulischen Jugend- und Erwachsenenbildung[17] verwirklicht worden. Ein von den Beschäftigten gebildeter Museums- bzw. Theaterrat hat Mitwirkungsrechte bei der Bestellung des Leiters der Verwaltungseinheit sowie Mitentscheidungsrechte bei Organisation und Ausführung der Verwaltungsaufgabe. Bei Meinungsverschiedenheiten mit dem Leiter / Intendanten entscheidet meist die politische Verwaltungsspitze.

---

[13] Vgl. den Überblick bei Raiser, Paritätische Mitbestimmung der Arbeitnehmer in wirtschaftlichen Unternehmen der Gemeinden, RdA 1972, S. 65 ff.; Püttner (I Anm. 1).

[14] Vgl. u. a. Püttner, Die öffentlichen Unternehmen, 1969, passim; sowie Püttner (I Anm. 1), S. 43/4 m. w. N.

[15] Vgl. Geschäftsordnung für einen Mitbestimmungsversuch an den Hamburger Museen v. 21. 7. 1980 für die Geltungszeit v. 1. August 1980—31. Juni 1983. Dazu neuerdings FAZ v. 11. 5. 1981, S. 25 und Ipsen, Mitbestimmung im Museum, DVBl. 1982, S. 112 ff.

[16] Beispiele bei Reschke (I Anm. 1); vgl. auch die Übersicht in: Mitsprache- und Mitwirkungsregelungen, 1978, Hrsg. Genossenschaft deutscher Bühnenangehöriger in der Gewerkschaft Kunst des DGB.

[17] Vgl. die meist für öffentliche und private Institutionen geltenden Weiterbildungsgesetze v. NRW v. 8. 2. 1980 § 17 Abs. 3, § 23 Abs. 2 Nr. 10; Bremen v. 26. 3. 1974 §§ 3, 4 Abs. 2 Nr. 9; Jugendbildungsgesetz Bremen v. 1. 10. 1974 § 4 Abs. 1 Nr. 7; Jugendbildungsförderungsgesetz Hessen v. 24. 6. 1974 § 3; sowie politisch heftig umstrittene Projekte relativ stark selbstverwalteter Kindertagesstätten in Frankfurt, dazu Barabas u. a., Jahrbuch der Sozialarbeit 1976, S. 52—106.

Daneben sind vor allem im Schulrecht einiger Länder, das z. T. schon an Traditionen der Weimarer Republik anknüpfen kann[18], Formen fachlich-direktiver Mitwirkung realisiert: kollegiale Leitung der Schule; Mitwirkung der Lehrer an der Auswahl / Bestellung des Schulleiters und Mitwirkung der Lehrer in Lehrer- und Schulkonferenzen ihrer Schule bei pädagogischen Angelegenheiten, Ordnungs- und Organisationsproblemen[19]. Dementsprechend ist die staatliche Schulaufsicht z. T. in einer Weise zurückgenommen worden, wie sie der eingeschränkten gerichtlichen Überprüfung des Ermessens und des Beurteilungsspielraums bei der Konkretisierung unbestimmter Rechtsbegriffe entspricht[20] — allerdings mit dem gravierenden Unterschied, daß diese Spielräume hier individuellen Amtspersonen und Dienststellen gegenüber der Verwaltungsleitung zustehen.

Die fachlich-direktive Mitwirkung in verselbständigten Verwaltungseinheiten wie in der allgemeinen Staatsverwaltung hat sich also vor allem in „neueren" Bereichen der leistenden Verwaltung entwickelt. Sie erstreckt sich aber auch auf Formen klassischer Hoheitsverwaltung, wie die Satzungsgewalt der Hochschule, die Disziplinargewalt von Hochschule und Schule sowie die Abgaben- und Gebührenerhebung. Allerdings sind in diesen Fällen die einzelnen Kompetenzen genau gesetzlich fixiert.

2. Zum Typus fachlich-direktiver Mitwirkung

a) Die beiden Typen fachlich-direktiver Mitwirkung im öffentlichen Dienst

Als wesentliches Merkmal der fachlich-direktiven Mitwirkung läßt sich also festhalten, daß die Beschäftigten bei der Entscheidung über

---

[18] Dazu Heckel / Seipp, Schulrechtskunde, 5. Aufl. 1977, S. 69 ff.

[19] Vgl. den Überblick bei Nevermann, Grundzüge des Schulverfassungsrechts, in: Nevermann / Richter (Hrsg.), Rechte der Lehrer, Rechte der Schüler, Rechte der Eltern, 1977, S. 171 ff.; Dietze, Von der Schulanstalt zur Lehrerschule, 1976, S. 196 f., 212 ff.; L.-R. Reuter, Bildung zwischen Politik und Recht, Zur Parlamentarisierung und Justizialisierung im Bildungswesen, in: R. Voigt (Hrsg.), Verrechtlichung, 1980, S. 116 ff. sowie SchulmitverwG NRW v. 13. 12. 76 § 14 III; Boppel / Kollenberg, Mitbestimmung in der Schule, 1981.

[20] § 101 Schulgesetz Nds. v. 30. 5. 1974; § 55 Schulverwaltungsgesetz Hessen i. d. F. v. 4. 4. 1978 sowie Schulverwaltungsgesetz Bremen v. 24. 7. 1978 § 9 Abs. 2. Nicht ganz so weitgehend: §§ 1, 7, 67 Saarländisches Mitbestimmungsgesetz v. 27. 3. 1975 und §§ 1, 9 Schulverwaltungsgesetz Berlin. Grundsätzlich allg. für eine Zurückdrängung der Schulaufsicht: Schule im Rechtsstaat, Band I 1981, S. 821 ff., der aber schon die praktischen Möglichkeiten der Schulaufsicht angesichts der großen Leitungs- und Kontrollspanne der Aufsichtsbeamten (oft mehrere hundert Lehrer) und ihrer zahlreichen sonstigen Aufgaben überschätzt. Allg. hierzu Hopf / Nevermann / Richter, Schulaufsicht und Schule, 1980 (DJT-SchulGE), 1981, S. 44 ff.; kritisch dazu Eiselt, Schulaufsicht im Rechtsstaat, DÖV 1981, S. 821 ff.

die Aufgabenerfüllung der Verwaltung in institutionell abgesicherter Form beteiligt werden und damit die Aufgabenerledigung inhaltlich mit beeinflussen können. Dabei haben sich vor allem zwei Organisationstypen fachlich-direktiver Mitwirkung entwickelt:

— Bei organisatorisch (und meist auch rechtlich) *verselbständigten Verwaltungseinheiten* sind die Bediensteten an kollegialen obersten Aufsichts- und Leitungsgremien neben Vertretern der Staatsverwaltung und der Interessenverbände beteiligt. Da der Ansatzpunkt der Mitwirkung das Organ ist, das an der Spitze des (ansonsten) hierarchischen Verwaltungsaufbaus steht, erstreckt sich die fachlich-direktive Mitwirkung auf alle Aufgaben der Verwaltungsorganisation und kann sie gerade die Grundsatzentscheidungen beeinflussen; andererseits wirkt sie sich aber nicht auf die Arbeitssituation und die konkreten Arbeitsinhalte der einzelnen Beschäftigten aus und modifiziert sie die bürokratisch-hierarchische Organisation der öffentlichen Verwaltung insoweit nicht.

— Die Mitwirkung im *kulturellen, sozialen und bildungspolitischen Bereich* knüpft zwar auch an besondere Mitwirkungsgremien an (Theater- und Museumsrat, Krankenhaus- und Schulkonferenz), diese Gremien sind jedoch sachbezogener und arbeitsplatznäher als beim vorherigen Typ. Deshalb bezieht sich diese Form fachlich-direktiver Mitwirkung eher auf die speziellen, konkreten Inhalte der Tätigkeit und auf das Verhältnis zum unmittelbaren Amtsvorgesetzten; sie modifiziert daher die hierarchisch-bürokratische Verwaltungsstruktur, bleibt allerdings auf wenige, relativ kleine Aufgabengebiete und zumeist enge Kompetenzen mit detaillierten Katalogen (z. B. Zuständigkeit der Schulkonferenzen) beschränkt.

b) Unterschied zwischen fachlich-direktiver und personalvertretungsrechtlicher Mitwirkung

Der Unterschied zwischen der fachlich-direktiven Mitwirkung und der Mitbestimmung nach dem Personalvertretungsrecht besteht vor allem in der organisatorischen Ausgestaltung, während ihre Ziele und ihre Funktion zum Teil identisch sind (sozialer Schutz der Bediensteten und Steigerung der Effektivität der Verwaltung). Die Mitbestimmung nach dem Personalvertretungsrecht[21] geht vom Interessengegensatz zwischen dem Arbeitgeber und den Arbeitnehmern bei der Regelung der Arbeitsbedingungen aus; sie konzentriert sich deshalb auf jene

---

[21] Zu diesen allgemein anerkannten Zielen des Personalvertretungsrechts vgl. Söllner (I Anm. 1), S. 65; Dietz / Richardi, Bundespersonalvertretungsgesetz 2. Aufl. 1978, Bd. 1, Vorbem. zu § 1, Rdnr. 6 m. w. N.; Faber (I Anm. 1), S. 41 ff.

Fragen, die direkt aus dem Arbeitsverhältnis entstehen und allein die internen, personellen Voraussetzungen der behördlichen Aufgabenerfüllung betreffen, d. h. die persönlichen und die sozialen Angelegenheiten der Beschäftigten. Dementsprechend sind die Formen der Mitbestimmung nach dem Personalvertretungsrecht begrenzt und genau umschrieben und berühren sie die inhaltliche Ausrichtung der Verwaltungstätigkeit, die Erfüllung der Verwaltungsaufgabe, nicht direkt.

Lassen sich fachlich-direktive Mitwirkung und Mitbestimmung nach dem Personalvertretungsrecht, also von ihrem Ansatzpunkt und ihrer Organisationsform her voneinander trennen, so ist der Übergang jedoch auf einem Gebiet fließend. Schon die personelle und soziale Mitbestimmung nach dem Personalvertretungsrecht und dem Betriebsverfassungsgesetz stellt den Arbeitgeber in Fragen der Arbeitsorganisation und des Arbeitskräfteeinsatzes unter Einigungszwang. Sie gibt damit den Personal-/Betriebsräten auch ein Mitgestaltungsrecht, das den Aufgabenvollzug beeinflußt, denn das Personal ist eine wichtige Ressource jeder Organisation, so daß personelle und soziale Angelegenheiten von den grundlegenden Entscheidungen über die Arbeitsorganisation und damit die Gestaltung der Aufgabenerledigung nur schwer zu trennen sind[22].

Die Mitbestimmung nach dem Personalvertretungsrecht ist in letzter Zeit vor allem bei einigen Rundfunkanstalten ausgebaut worden, in deren Verwaltungsräten die Beschäftigten beteiligt worden sind[23]. Den Verwaltungsräten obliegt es, die grundlegenden organisatorischen und personalpolitischen Entscheidungen zu treffen sowie bei den wirtschaftlichen Entscheidungen mitzubestimmen. Die Verwaltungsräte haben aber keine Möglichkeit, direkt inhaltlich auf die Aufgabenerfüllung der Rundfunkanstalten einzuwirken; dies ist weiterhin allein Aufgabe des Rundfunkrates bzw. des Intendanten.

c) Unterschied zwischen fachlich-direktiver und fachlich-amtsbezogener Mitwirkung

Der Unterschied zwischen fachlich-direktiver und fachlich-amtsbezogener Mitwirkung besteht darin, daß die fachlich-direktive Mitwirkung

---

[22] a. A. Ipsen, Mitbestimmung im Rundfunk, 1972, S. 52 f.; Bethge, Verfassungsrechtsprobleme der Reorganisation des öffentlich-rechtlichen Rundfunks, 1978, S. 44/5 m. w. N.; grundsätzlich wie hier: Leisner, Mitbestimmung im öffentlichen Dienst — innere Kontrolle der Staatsgewalt, ZBR 71, S. 65 ff., 66/7, der die Grenze erst in und durch das Verfassungsgesetz gezogen sieht.

[23] § 9 Abs. 3 Satzung des SFB i. d. F. vom 5. 12. 1974; § 67 Hess. PersVG; § 9 Abs. 1 Radio Bremen Gesetz v. 8. 6. 1979; nur beratende Stimme des Personalratsvorsitzenden gem. § 112 Abs. 1 PersVG Saarland. Vgl. hierzu Hoffmann-Riem, Rundfunkfreiheit durch Rundfunkorganisation 1979, S. 66 ff.

intensiver ist, da sie zumindest auf der Ebene, auf der sie angesiedelt ist, den Amts- und Verwaltungsleiter bindet und zur Kooperation zwingt. Auch ist die fachlich-direktive Mitwirkung stärker institutionell so abgesichert, daß sie nicht — wie die fachlich-amtsbezogene Mitwirkung — zur jederzeitigen Disposition steht. Die fachlich-direktive Mitwirkung durchbricht also den hierarchisch-bürokratischen Verwaltungsaufbau. Da das Unterscheidungskriterium vor allem in der Intensität der Mitwirkung liegt, sind die Übergänge zwischen beiden Mitwirkungsformen fließend. Deutlich wird dies z. B. am Strafvollzug. Hier kann der für den Strafvollzug allein verantwortliche Anstaltsleiter einen Teil seiner Verantwortung delegieren (§ 156 StVollzG) und soll in Konferenzen mit den Bediensteten über die jeweils erforderlichen konkreten Vollzugsmaßnahmen entscheiden (§ 159 StVollzG). Geht man davon aus, daß der Anstaltsleiter an die Entscheidung dieser Konferenzen gebunden ist[24], so hat das Instrument der fachlich-amtsbezogenen Mitwirkung, das Team, zugleich Funktionen einer fachlich-direktiven Mitwirkung erhalten.

3. Fachlich-direktive Mitwirkung und die Aufgaben- sowie Entscheidungsstruktur der öffentlichen Verwaltung

Zur Analyse dieser Formen fachlich-direktiver Mitwirkung bieten sich verschiedene Gesichtspunkte an.

Einerseits kann man, wie generell zu Verwaltungsentscheidungen und speziell zum Problem bürgerschaftlicher Partizipation diskutiert wird[25], nach dem *Ablauf und Stadium des Entscheidungsprozesses*, in dem die Mitwirkung Bedeutung erlangt, unterscheiden: die Vorbereitung der Entscheidung durch Problemformulierung, Informationssammlung- und Verarbeitung sowie Alternativenbildung, die Beratung und Abwägung, die definitive Entscheidung und ihre Durchsetzung.

Da nur die definitive Entscheidung, der „Entschluß"[26], endgültigen, rechtsverbindlichen Charakter hat, verknüpft die rechtliche Diskussion die verfassungs- und verwaltungsrechtlichen Probleme der Partizipation erst mit diesem letzten Stadium der Entscheidung[27]. Unter rechtlichen Aspekten sind auf allen Stufen, die dem „Entschluß" vorgelagert

---

[24] So Callies / Müller-Dietz, Strafvollzugsgesetz 1977, § 159 Rdnr. 1.

[25] Schmitt Glaeser, Partizipation an Verwaltungsentscheidungen, VVDStRL Bd. 31, 1973, S. 179 ff. (193 f.); W. Schmidt, Organisierte Einwirkungen auf die Verwaltung, VVDStRL Bd. 33, 1975, S. 183 ff., 199 f.

[26] Vgl. zu seiner Bedeutung: Kirsch, Entscheidungsprozesse, Bd. 3, 1971, S. 55/6.

[27] Schmitt Glaeser u. W. Schmidt (I Anm. 25).

sind, die Partizipation von Externen wie die Mitwirkung von Bedienstetenvertretern relativ unproblematisch. In diesem Bereich ist auch die fachlich-amtsbezogene Mitwirkung angesiedelt. Dagegen beeinflußt die fachlich-direktive Mitwirkung direkt den „Entschluß", so daß die Differenzierung nach den verschiedenen Stadien der Entscheidung für die rechtliche Erörterung der fachlich-direktiven Mitwirkung ausscheiden kann.

Allerdings ist weitgehend anerkannt, daß alle Stadien der Entscheidung, gerade auch die dem „Entschluß" vorgelagerte Problemformulierung, Informationsverarbeitung und Alternativenbildung für die Entscheidung insgesamt wesentlich sind[28]. Hält die herrschende Meinung die Bedienstetenmitwirkung bei diesen wichtigen Stadien für rechtlich unbedenklich und macht sie nur bei dem „Entschluß" eine Ausnahme, so vernachlässigt sie den Zusammenhang aller Entscheidungsstadien und die daraus folgenden inhaltlichen Konsequenzen und verliert damit an innerer Konsistenz und Realitätsbezug.

Hier wird im folgenden nach *inhaltlichen Aspekten* der Entscheidung differenziert. Einmal ist die generelle *Art der Entscheidung* (Routine-, Programmierungs-, Innovations- und Eilentscheidung etc.)[29] wesentlich, da für sie organisations- und verwaltungswissenschaftliche Aussagen über die Wirkungen einer Mitwirkung von Bediensteten vorliegen. Vor allem aber dürfte es wichtig sein, auf den *Aufgabentyp*[30] abzustellen, da die bisherigen Formen fachlich-direktiver Mitbestimmung vor allem in zwei Aufgabenbereichen entwickelt worden sind: in den meist kommunalen, verselbständigten Verwaltungseinheiten der Infrastruktur und in den Bereichen der sozialen, kulturellen und schulischen Verwaltung.

---

[28] Vgl. allgemein Irle, Macht und Entscheidung in Organisationen, 1971, S. 45 ff.; F. Mayer, Die Bindung problemangepaßter Entscheidungsmodelle, 1974, insbes. S. 7 ff., 27 ff.; Horn, Partizipations- und Schulverwaltungsstruktur, 1976, S. 194 ff. m. w. N. Zur rechtlichen Diskussion vgl. Brohm, Die Dogmatik des Verwaltungsrechts vor den Gegenwartsaufgaben der Verwaltung, VVDStRL 30, 1972, S. 245 ff., 289 f.

[29] Zu diesen Entscheidungstypen vgl. Naschold, Organisation und Demokratie, 3. Aufl. 1972, S. 59 f.; kritisch erweiternd dazu: Oberndorfer, Demokratisierung von Organisationen, in: Systemtheorie, Systemanalyse und Entwicklungsforschung, 1971, S. 577 ff., 594 ff.; Horn (I Anm. 28), S. 198 f.

[30] Zur Unterscheidung nach verschiedenen Aufgabenbereichen für die Mitwirkung und Partizipation vgl. Kisker, Gruppenmitbestimmung in der öffentlichen Verwaltung, DÖV 72, S. 520 ff. Allgemein zur verwaltungsorganisationswissenschaftlichen Relevanz der Verwaltungsaufgabe, Becker, Aufgabentyp und Organisationsstrukturen von Verwaltungsbehörden, Die Verwaltung, 1976, S. 273 ff.; sowie grundlegend neuerdings Schuppert, Die Erfüllung öffentlicher Aufgaben durch verselbständigte Verwaltungseinheiten, 1981, S. 128 ff., 191 ff.

Im Bereich der Infrastruktur sind maßgebliche Ansatzpunkte für eine Mitwirkung der Arbeitnehmer die Konkurrenz zu privaten Unternehmen, die stark oder rein wirtschaftlich ausgerichtete Aufgabenerledigung und die verwaltungsorganisatorische Verselbständigung. Diese Gesichtspunkte prägen auch die Auseinandersetzung um ihre rechtliche Zulässigkeit und speziell die kommunal-(verfassungs-)rechtlichen Aspekte. Da diese Kontroverse schon intensiv geführt worden ist[31], soll darauf nicht nochmals eingegangen werden. Vielmehr sollen die Gründe, die für und gegen die neueren Ansätze der Einführung fachlich-direktiver Mitwirkung im sozialen, kulturellen und schulischen Bereich sprechen (II, 1 u. 2), gerade an den Besonderheiten dieser Verwaltungsaufgaben (II, 3) analysiert und danach die verfassungsrechtlichen Probleme dieser Mitwirkung diskutiert werden (III).

---

[31] Vgl. oben, I Anm. 9 sowie Leisner (I Anm. 1).

II. Verwaltungsorganisatorische und verwaltungspolitische Aspekte einer fachlich-direktiven Mitwirkung im öffentlichen Dienst

1. Vertretung der Interessen der Bediensteten als abhängig Beschäftigter

Grundsätzlicher Ansatzpunkt aller Mitbestimmungsforderungen ist im privatwirtschaftlichen Bereich der Gegensatz von Kapital und Arbeit. Gegen eine Mitbestimmung im öffentlichen Dienst wird deshalb eingewandt[1], daß ein solcher Gegensatz im öffentlichen Dienst irrelevant sei, es dort nicht um die Produktion von marktfähigen Gütern im Interesse privater Gewinnmaximierung und Kapitalverwertung gehe und es an einer Abhängigkeit der Beschäftigten von der Verfügungs- und Entscheidungsmacht privater Interessen fehle. Auch sei die allgemeine Abhängigkeit der Beschäftigten durch die Arbeitsplatzsicherheit im öffentlichen Dienst erheblich vermindert.

Selbst wenn man dieser Ansicht im Grundsatz zustimmen würde, so vernachlässigt sie, daß die Mitbestimmung nicht nur vom Gegensatz privater Kapitalinteressen und Arbeitnehmerinteressen bestimmt wird. Vielmehr ist Grundlage der Mitbestimmung auch, die Fremdbestimmtheit der Arbeit, die Abhängigkeit der Arbeitnehmer in ihrer Arbeitssituation, die für sie die wesentlichste gesellschaftliche Stellung bedeutet, abzubauen[2]. In diesem Punkt jedoch sind private Wirtschaft und öffentlicher Dienst vergleichbar. Dies gilt nicht nur für die allen Arbeit-

---

[1] Vgl. Ritter, Mitbestimmung im öffentlichen Dienst, Privatisierung des Staatswesens, JZ 1972, S. 107 ff. (111); Biedenkopf / Säcker, Grenzen der Mitbestimmung in kommunalen Versorgungsunternehmen, ZfA 1971, S. 211 ff. (220); Leisner (I Anm. 1), S. 20 ff.; neuerdings: Scholz, Mitbestimmungsgesetz, Mitbestimmungsurteil und öffentlicher Dienst, ZBR 1980, S. 297 ff., 301 f. m. w. N. Für die Diskussion um die Mitbestimmung der Beschäftigten im Rundfunk: Hoffmann-Riem (I Anm. 23), S. 69 ff. m. w. N. Grundsätzlich wird dieses Problem auch in der Diskussion zum Streikrecht der Beamten angeschnitten. Vgl. Isensee, Beamtenstreik, 1971, S. 28 ff., 34 f.; Blanke, Der Beamtenstreik im bürokratischen Rechtsstaat KJ, 1980, S. 237 ff.

[2] Allgemein dazu: Mitbestimmungsbericht, BT-Drucks. VI/334, S. 56; Däubler, Grundrecht auf Mitbestimmung, 1973, S. 129 ff.; Söllner (I Anm. 1), Püttner (I Anm. 1), S. 47; Damkowski, Mitbestimmung im öffentlichen Dienst als Forderung des Grundgesetzes, RiA 1975, S. 1 ff., 2 ff. m. w. N.; sowie Dietz / Richardi (I Anm. 21), Vorbem. 1, Rdnr. 6 m. w. N.; Faber (I Anm. 1), S. 41 ff.

nehmern gemeinsame „Lohnabhängigkeit", sondern auch für die Abhängigkeit von vorgegebenen Arbeitsbedingungen, die im Wege zunehmender Rationalisierung nach gleichen und allgemeinen arbeits- und organisationswissenschaftlichen Mustern durch den Einsatz neuer Technologien (EDV) und neuer Organisationsmodelle (z. B. Managementsysteme etc.) zunehmend vereinheitlicht werden[3]. Dabei haben empirische Untersuchungen erhebliche Mängel in der Beteiligung der Bediensteten festgestellt[4]. Hier steht also für die Beschäftigten im öffentlichen Dienst genauso wie für die in der Privatwirtschaft der soziale Schutz gegenüber der einseitigen Bestimmungsmacht des Arbeitgebers im Vordergrund.

Auch die fachlich-direktive Mitwirkung von Arbeitnehmervertretern kann diesen Schutzzweck realisieren, da sich die Mitwirkungsgremien mit den allgemeinen Fragen der Verwaltung, wie der Behörden- und Arbeitsorganisation, beschäftigen und insoweit die nur schwach ausgebauten Mitbestimmungsrechte nach dem Personalvertretungsrecht (§ 78 Abs. 3—5 BPersVG) ergänzen und erweitern. Wie allgemein für die Unternehmensmitbestimmung im privatwirtschaftlichen Bereich hervorgehoben wird[5], dient die fachlich-direktive Mitbestimmung auch dadurch der betrieblichen Mitbestimmung nach dem Betriebsverfassungsgesetz / Personalvertretungsgesetz, daß sie das Informationsniveau der Arbeitnehmer und ihrer Vertreter erhöht und sie dadurch befähigt, ihre Rechte in der betrieblichen Mitbestimmung effektiver wahrzunehmen.

2. Steigerung der Effektivität
und Effizienz des Verwaltungsvollzuges

Ein weiterer Einwand gegen die Mitbestimmung im öffentlichen Dienst geht dahin, daß sie die Gemeinwohlbindung der öffentlichen

---

[3] Vgl. dazu allgemein Ritter (II Anm. 1), S. 107 ff. mit Beispielen für die institutionelle Verzahnung privatwirtschaftlicher und öffentlicher Interessen und Organisationen; ihm folgend: Feindt, Aspekte der Demokratisierung, Mitbestimmung und Partizipation, ZBR 1973, S. 353 ff. (365). Grundsätzlich zur entfremdeten Arbeit im öffentlichen Dienst: Bosetzky, Entfremdung in der öffentlichen Verwaltung, DÖV 73, 302 ff. Vgl. die empirische Untersuchung von Lutz u. a., Rationalisierung und Mechanisierung im öffentlichen Dienst, 1968, passim, insbes. S. 44 ff. Glaeßner / Haensch, Rationalisierungsdruck und Formen der Rationalisierung im öffentlichen Dienst, in: Armanski / Penth (Hrsg.), Klassenbewegung, Staat und Krise, 1977, S. 33 ff.

[4] Faber (I Anm. 1), S. 199—201 sowie Lutz, ebd.

[5] Mitbestimmungsbericht (II Anm. 2), S. 88 ff.; Voigt, Die Mitbestimmung der Arbeitnehmer in den Unternehmungen, in: Zur Theorie und Praxis der Mitbestimmung (Hrsg. Weddingen), 1962, Bd. 1, S. 87 ff., 210 ff., 504 f.; Blume, in: Zwischenbilanz der Mitbestimmung (Hrsg. Potthoff / Blume / Duvernell), 1962, S. 55 ff., 156 ff.; Kliemt, Die Praxis des Betriebsverfassungsgesetzes im Dienstleistungsbereich, 1971, S. 140.

Verwaltung, die selbst für privatrechtlich organisierte Verwaltungseinrichtungen gilt, in Frage stelle und sie bei verminderter externer
Kontrolle der Verwaltung durch die Verwaltungsspitze und das Parlament dem Einfluß sachfremder Interessen aussetze[6].

Da diese Argumentation zwar Konsequenzen auf tatsächlicher Ebene
behauptet, sie aber rein tatsächlich kaum belegen und den Begriff des
„Gemeinwohls" inhaltlich schwerlich definieren kann[7], reduziert sie sich
weitgehend auf den rechtlichen Gesichtspunkt, daß die Gemeinwohlbindung allein durch die Verantwortlichkeit der Verwaltung gegenüber der
politischen Spitze und dem Parlament garantiert sei und dies von einer
Mitbestimmung im öffentlichen Dienst beeinträchtigt würde. Das ist
aber nicht der Fall. (Hierauf wird unten II, 4 und III, 1 noch einzugehen
sein). Darüber hinaus ist das „Gemeinwohl"-Verständnis dieser Ansicht
nicht unproblematisch. Denn nach ihr ist das „Gemeinwohl" gleichsam
vorgegeben und wird nicht mehr in einem ständigen Prozeß unter dem
Einfluß unterschiedlicher Kräfte pluralistisch konkretisiert[8]. Dementsprechend berücksichtigt diese Ansicht nicht, daß das angeblich vorgegebene Gemeinwohl gerade auch noch auf der Ebene der Verwaltung
zu konkretisieren ist (zu den dabei bestehenden Spielräumen der Verwaltung unten II, 4) und es deshalb wichtig ist, auch auf dieser Ebene
offene und transparente Verfahren der Gemeinwohldefinition zu installieren[9].

Weiterhin müßte eine solche Argumentation konsequenterweise jeden
Einfluß auf die Verwaltung, der über die ministerielle Abhängigkeit
hinausgeht, ablehnen und sich z. B. gegen jede ehrenamtliche, bürgerliche Mitwirkung wenden. Sind aber die wesentlichen Garanten einer
Gemeinwohlbindung der Verwaltung, die Gesetzesbindung und der

---

[6] Vgl. Biedenkopf / Säcker (II Anm. 1), S. 235 ff., 243 ff.; Leisner (I Anm. 1),
S. 41 f., jedoch mit starken Bedenken und Gegenargumenten.

[7] Die Befürworter einer Mitbestimmung im öffentlichen Dienst verweisen
auf die Möglichkeiten der mannigfaltigsten, externen privaten Bindungen
und Beeinflussungen der Verwaltung, wogegen die Mitbestimmung der Bediensteten das Gegengewicht bilden könnte, vgl. Hoffmann, Mitbestimmung
im öffentlichen Dienste, in: Gesellschaftspolitische Kommentare Nr. 17 v.
1. 9. 1970, S. 202 f.

[8] Vgl. dazu: Häberle, Öffentliches Interesse als juristisches Problem, 1970,
S. 49 ff.; Schuppert, Funktionellrechtliche Grenzen der Verfassungsinterpre-
tation 1980, S. 27 ff. (allerdings stark auf das Gesetzgebungsverfahren konzentriert); Rinken, Das Öffentliche als verfassungstheoretisches Problem,
1971, S. 248 ff.; Stolleis, Öffentliches Interesse als juristisches Problem, Ver-
waltungsarchiv 1974, S. 1 ff.

[9] Dieses Problem wird insbes. im Zusammenhang mit der Beteiligung von
Bürgerinitiativen an Verwaltungsentscheidungen intensiv und kontrovers
diskutiert. Vgl. W. Schmidt (I Anm. 25); Schuppert, Bürgerinitiativen als
Bürgerbeteiligung an staatlichen Entscheidungen, AÖR Bd. 102, 1979, S. 369 ff.,
400/401 m. w. N.

Einfluß der politisch verantwortlichen Verwaltungsspitze im Rahmen ihrer Möglichkeiten (s. u. II, 4) gewahrt, so kann andererseits die Beteiligung von Bediensteten die Effektivität der Verwaltung, und d. h. auch die Zielverwirklichung des Verwaltungshandelns, auf jene Art und Weise steigern, wie es die ehrenamtliche, bürgerliche und fachlich-amtsbezogene Mitwirkung tun.

Einmal bietet die Bedienstetenbeteiligung Ansatzpunkte, den Sachverstand und die Fachkompetenz der Beschäftigten sowie die Informationen aus den mittleren und unteren Verwaltungsebenen in die Entscheidungsfindung auch auf oberster Ebene institutionell abgesichert und regelmäßig einzubringen — ein Grund, der es z. B. nach Ansicht des Bundesverfassungsgerichts[10] rechtfertigt, nichtwissenschaftliche Mitarbeiter an der Selbstverwaltung der Universität zu beteiligen. Gerade dieses Informationsproblem stellt sich generell in allen großen bürokratischen Organisationen in zunehmendem Maße[11].

Dies hat zugleich den Effekt, die Leistungsmotivation und Mitarbeitsbereitschaft der Bediensteten sowie die Innovationsbereitschaft und -fähigkeit der Organisation zu steigern, was allgemein für partizipatorische Elemente in der Verwaltung, wie z. B. durch den Bericht der Studienkommission für die Reform des öffentlichen Dienstrechts, betont worden ist[12]. Denn die Bediensteten sehen nunmehr auch institutionell stärker abgesichert, daß ihre Probleme wie auch ihr Können und ihre Fertigkeiten bei der Entscheidungsfindung auf oberster Ebene berücksichtigt werden. Es geht also nicht darum, über eine Mitbestimmung im öffentlichen Dienst das angeblich größere Fachwissen der unteren Behördeninstanzen gegenüber der Behördenspitze zur Geltung zu bringen[13], sondern das spezifische Potential an Informationen und Sachverstand, das auf allen Ebenen der Verwaltung unterhalb der Behördenspitze vorhanden ist, direkt und unabhängig von dem traditionellen hierarchischen Instanzenweg zu mobilisieren. Deshalb widerlegt der Einwand, in der Hierarchie befinde sich der größere Sachverstand an

---

[10] BVerfGE 35, S. 79 ff. (126); allgemein zu diesem Problem auch Dagtoglou, Der Private in der Verwaltung als Fachmann und Interessenvertreter, 1964, S. 129 ff. m. w. N.

[11] Hierzu allgemein R. Mayntz, Soziologie der öffentlichen Verwaltung, 1978, S. 97 f., 112 f.

[12] Vgl. Kommissionsbericht, S. 105 ff. (Ziff. 145 f.), 127 f. (Ziff. 203 f.), 223 ff. (Ziff. 470 ff.). Umfassend theoretisch und unter Auswertung empirischer Untersuchungen: Naschold, Organisation und Demokratie, 1971, S. 50 ff. m. w. N.; Horn (I Anm. 28), S. 162 ff. mit zahlreichen organisationssoziologischen Nachweisen. Umfassend auch Hondrich, Demokratisierung und Leistungsgesellschaft, 1972; für das Personalvertretungsrecht: Faber (I Anm. 1), S. 53 ff.

[13] So Leisner (I Anm. 1), S. 17 f.

der Spitze[14], schon sachlich nicht das Ziel einer fachlich-direktiven Mitbestimmung, sieht man einmal von der inhaltlichen Richtigkeit dieses Einwandes ab.

Bei den vorhergehenden Argumenten wurde davon ausgegangen, daß die fachlich-direktive Mitbestimmung die Effektivität der Verwaltung stärkt, wobei diese Effektivität daran zu messen ist, ob und in welcher Intensität die Verwaltung ihre Ziele erreicht (Effektivität der Verwaltung) und dabei den Aufwand möglichst gering hält (Effizienz der Verwaltung)[15]. Darüber hinaus stellt die Arbeitszufriedenheit der Beschäftigten nicht nur in der Absicht, die Leistungsbereitschaft und die Leistungsmotivation der Bediensteten zu steigern, sondern auch unter dem Aspekt, die rein instrumentelle Orientierung des Personaleinsatzes zugunsten einer stärkeren Personenorientierung und Humanisierung zu erweitern, ein selbständiges Ziel jeder Organisation und auch der öffentlichen Verwaltung dar[16]. So weisen auch verwaltungswissenschaftliche Evaluationen von Verwaltungsreformen neben der Steigerung der Effizienz u. a. auch die Verbesserung der Arbeitszufriedenheit und der Arbeitsbedingungen der Beschäftigten als selbständige Ziele und Bewertungsmaßstäbe aus[17].

Dementsprechend kann die Beteiligung von Bedienstetenvertretern in Leitungs- und Kontrollgremien der Verwaltung dazu dienen, daß innerorganisatorische Konflikte manifest gemacht, überhaupt ausgetragen und dann nicht autoritativ, sondern auch sachadäquat gelöst werden[18].

Zu betonen bleibt allerdings, daß die vorstehenden Ausführungen auf allgemeinen Regeln basieren, die sich weitgehend auf empirische Untersuchungen und allgemein anerkannte Grundsätze der Organisationswissenschaft stützen können, die jedoch bei ihrer Anwendung auf konkrete organisatorische Maßnahmen notwendigerweise Modifikatio-

---

[14] Leisner, ebd.

[15] Zu diesen Begriffen: Eichhorn / Siedentopf, Effizienzeffekte der Verwaltungsreform, 1976, S. 21 ff.; Dieckmann, Aufgabenkritik in einer Großstadtverwaltung, 1977, S. 60 ff.; Schwarze, Administrative Leistungsfähigkeit als verwaltungsrechtliches Problem, DÖV 1980, S. 581 ff.; Reichard / König, Zur Effizienz der öffentl. Verwaltung, PVS Sonderheft 13, 1982, S. 205 ff. Zur verfassungsrechtlichen Relevanz dieser Kriterien: Hartisch, Verfassungsrechtliches Leistungsprinzip und Partizipationsverbot im Verwaltungsverfahren, 1975, S. 19—79.

[16] Vgl. dazu Dieckmann (II Anm. 15); Eichhorn / Siedentopf (II Anm. 15), S. 98 ff.; Steinberg, Politik und Verwaltungsorganisation, 1979, S. 264 ff.

[17] Dazu Eichhorn / Siedentopf (II Anm. 15), S. 98 ff. und Dieckmann (II Anm. 15).

[18] Dies ist z. B. ein allgemein empirisch belegtes Resultat von Partizipation, vgl. Horn (I Anm. 28), S. 175 ff. m. w. N.; Hoffmann-Riem, Innere Pressefreiheit als politische Aufgabe, 1979, S. 126 ff. m. w. N.

nen erfahren und Unsicherheiten unterliegen müssen. Auf der Ebene reiner Vermutungen liegt es dagegen, pauschal davon auszugehen, die fachlich-direktive Mitwirkung im öffentlichen Dienst würde sachfremde Führungsauslese, gemeinsame Bequemlichkeit und Verhinderung interner Kontrolle fördern[19]. Auch die immer wieder herangezogenen empirischen Untersuchungen zur Mitbestimmung in Unternehmen stützen diese Behauptungen nicht[20] — soweit man diese Untersuchungen überhaupt ohne weiteres auf die öffentliche Verwaltung übertragen kann.

Dagegen liegen die Gefahren einer Mitwirkung der Bediensteten bei anderen von der Organisationswissenschaft diagnostizierten Problemen. Komplexe, zusammengesetzte Gremien eignen sich nicht dazu, Eilentscheidungen zu fällen, und sind dort überflüssig, wo weitgehend gesetzlich oder verwaltungsintern programmierte Routineentscheidungen massenhaft anstehen[21]. Dementsprechend wird für diese Entscheidungstypen auch die Notwendigkeit bürgerschaftlicher Partizipation verneint[22]. Solche Entscheidungen dürften vor allem in der klassischen Hoheitsverwaltung die Regel sein. In diesem Bereich wäre deshalb unter Effektivitätsgesichtspunkten vor allem ein Ausbau der Mitwirkung nach dem Personalvertretungsrecht sinnvoll, um die Interessen der Beschäftigten am Arbeitsablauf und an der Arbeitsorganisation besser zu berücksichtigen. Allerdings ist die gesetzliche bzw. verwaltungsinterne Programmierung nicht in allen Bereichen der klassischen Hoheitsverwaltung lückenlos und bestehen z. B. auch dort erhebliche Handlungsspielräume, wie z. B. in der Ordnungsverwaltung bei komplexen technischen und ökonomischen Problemen (Immissionsschutz, s. u. II, 4). Insoweit könnten deshalb auch hier Formen fachlich-direktiver Mitwirkung sinnvoll sein.

Weiterhin sprechen die bisherigen Argumente vor allem dafür, daß die fachlich-direktive Mitwirkung der Bediensteten stärker bei der Vorbereitung von Entscheidungen, insbesondere der Informationssammlung und Verarbeitung, der Alternativenbildung sowie der Beratung und Abwägung, weniger dagegen bei der definitiven Entscheidung, dem „Entschluß", geboten ist. Hier wäre eine Mitwirkung der Bediensteten vor allem dann angebracht, wenn die Besonderheit der Aufgabe die Mitwirkung auch unter Effektivitätsgesichtspunkten erforderlich macht.

---

[19] Biedenkopf / Säcker (II Anm. 1), S. 245 ff.; ihnen zustimmend: Püttner, Mitbestimmung und Mitwirkung des Personals in der Verwaltung, in: H.-J. v. Oertzen (Hrsg.) (I Anm. 1), S. 77 (79/80).

[20] Vgl. Hondrich, Mitbestimmung und Funktionsfähigkeit von Unternehmen, in: H. O. Vetter (Hrsg.), Mitbestimmung, Wirtschaftsordnung, Grundgesetz, 1976, S. 126 ff. m. w. N.

[21] M. Olson, Die Logik des kollektiven Handelns, 1968, S. 52 ff.; Naschold (I Anm. 29); Horn (I Anm. 28), S. 198 ff., alle mit zahlreichen Nachweisen.

[22] Oben, I Anm. 25.

Dies ist bei den Verwaltungsaufgaben im kulturellen, sozialen und schulischen Bereich der Fall, was sogleich näher erörtert werden soll.

Eine weitere Gefahr der fachlich-direktiven Mitwirkung könnte darin liegen, die Tendenz von Organisationen zu verstärken, sich gegenüber der Außenwelt, d. h. sowohl der politischen Spitze wie auch der externen Umwelt, abzuschließen und stärker Eigeninteressen herauszubilden[23]. Dieses allgemeine Kontrollproblem ist eng mit dem Problem der demokratischen Kontrolle und Legitimation der Verwaltung verbunden und soll unten (II, 4 und III, 1) noch eingehender erörtert werden.

Sprechen mehrere Gründe dafür, daß die Effektivität und die Effizienz der Verwaltung durch eine fachlich-direktive Mitwirkung erhöht werden, so liegt es im Ermessensspielraum des Gesetzgebers[24], der gerade bei Organisationsmaßnahmen sehr groß ist, bzw. im Rahmen der Organisationsgewalt der politischen Verwaltungsspitze, die angeführten positiven Effekte mit den negativen Effekten einer Mitwirkung der Bediensteten abzuwägen, auf die jeweils besondere Verwaltungsaufgabe zu beziehen und die restlichen Unsicherheiten zu gewichten.

3. Aufgabenspezifische Gründe im Bereich personaler Dienstleistungen der Verwaltung

Handelte es sich im Vorherigen um die Zusammenhänge zwischen Bedienstetenmitwirkung und der generellen, aufgabenunspezifischen Effizienz und Effektivität der Verwaltung, so ist die fachlich-direktive Mitwirkung der Bediensteten im kulturellen, sozialen und schulischen Bereich auch von der Verwaltungsaufgabe her geboten.

Als Beispiel sei dies an der Schule verdeutlicht. So ist es für den verfassungsrechtlich normierten Erziehungsauftrag der Schule (Art. 7 GG), den pädagogischen Bildungsprozeß, notwendig, daß der Lehrer erhebliche, nicht gänzlich normierbare und durch die Schulaufsicht kontrollierbare Freiheitsräume besitzt, um auf die Person des Schülers / Lernenden eingehen und unter fachlichen Gesichtspunkten Methode und

---

[23] Dieckmann (II Anm. 15), S. 44 ff.; H. P. Schneider, Entscheidungsdefizite der Parlamente, AÖR Bd. 105, 1980, S. 4 ff., 14/15; zur verfassungsrechtlichen Dimension dieses Problems: Scheuner, Verantwortung und Kontrolle in der demokratischen Verfassungsordnung, in: Festschrift für G. Müller, 1970, S. 379 ff., 396 f.; Oppermann, Das parlamentarische Regierungssystem nach dem Grundgesetz, VVDStRL 33 (1975), S. 64 f.; W. Schmidt (I Anm. 25), S. 204/5 m. w. N.

[24] Ossenbühl, Die Kontrolle von Tatsachenfeststellungen und Prognoseentscheidungen durch das BVerfG, in: BVerfG und GG, 1976, Bd. 1, S. 458 ff., 496 ff.; Breuer, Legislative und administrative Prognoseentscheidungen, Der Staat, 1977, S. 21 ff., 32 ff.; grundsätzlich BVerfGE 50, S. 290 ff., 331 ff.

Inhalte auswählen zu können. Dabei ist dem Lehrer allerdings ein allgemeiner fachlicher Rahmen über die Schulgesetze, Verordnungen, Erlasse / Lehrpläne, an denen die Lehrer oft selbst mitwirken, vorgegeben. Diese „pädagogische Freiheit" des Lehrers ist heute allgemein anerkannt[25]. Sie muß allerdings mit den verfassungsrechtlich geschützten Interessen der Schüler und der Eltern durch eine Kooperation aller drei Gruppen in Einklang gebracht werden.

Ähnliche aufgabenbezogene Spielräume sind z. B. intensiv für die öffentliche Sozialarbeit[26] analysiert worden und bestehen auch bei anderen pädagogischen und wissenschaftlichen (Universitäten, Museen, wissenschaftliche Anstalten, Volkshochschulen etc.), sozialpädagogischen (Kindergärten etc.) und künstlerischen (Theater, Musikensemble) sowie medizinisch-wissenschaftlichen und sozialmedizinisch-therapeutischen Einrichtungen (Krankenhäuser, Gesundheitsämter, diverse ambulante Beratungs- und Behandlungsstellen).

Nach den heute weitgehend anerkannten Strukturvariablen von Handeln und Entscheiden in der Organisation[27] lassen sich für diese Verwaltungsbereiche im Hinblick auf das Personal, die Beziehung zur Umwelt, insbesondere zu den Klienten, und auf das Ausmaß der Programmierbarkeit und Formalisierung Besonderheiten ausmachen, die große Handlungsspielräume und Mitwirkungsmöglichkeiten der Beschäftigten begründen.

a) Professionalisierung

Diese Verwaltungsaufgaben erfordern einen hohen *Professionalisierungsgrad* der Bediensteten, der auch von staatlicher Seite z. B. über die Definition der Arbeitsplatzanforderungen und die ihnen entsprechenden Qualifikationen der Bediensteten, die staatlich geregelten wissenschaftlich fundierten Ausbildungsgänge und die staatlichen Eingangsprüfungen vorangetrieben worden ist. Unter diesem Aspekt bedeutet Professionalisierung[28] die Herausbildung eigenständiger, meist

---

[25] Die wohl heute herrschende Meinung vgl. Starck, Freiheitlicher Staat und staatliche Schulhoheit, in: Essener Gespräche, Bd. 9, 1975, S. 9 ff.; Kopp, Die pädagogische Freiheit des Lehrers, Grundlagen und Grenzen, DÖV 1979, S. 890 ff. (892); Nevermann / Richter, Rechtstellung der Lehrer, Schüler und Eltern, in: dies. (Hrsg.), Rechte der Lehrer, Rechte der Schüler, Rechte der Eltern, 1977, S. 11 ff.; Heckel, Rechte und Pflichten des Lehrers, ebd., S. 29 ff. (46/7).

[26] Vgl. dazu die Aufsätze von Giese, Zur Kompatibilität von Gesetz und Sozialarbeit und Böhnisch / Lösch, Das Handlungsverständnis des Sozialarbeiters, in: H.-U. Otto / Schneider (Hrsg.), Gesellschaftliche Perspektiven der Sozialarbeit, 1973, Bd. 1, S. 45 ff.

[27] Vgl. Staehle, Organisation und Führung soziotechnischer Systeme, 1973, S. 27 ff.; Luhmann, Zweckbegriff und Systemrationalität, 1973, passim, insbes. 55 ff. Beide fußend auf March / Simon, Organizations, 1958. Vgl. auch die Übersicht bei Schuppert (I Anm. 30), S. 195 ff.

wissenschaftlich begründeter Standards der Berufsausübung, eine stärker professionell-dienstleistungsorientierte statt bürokratisch-regelorientierte Aufgabenerfüllung und eine gewisse fachliche Autonomie des jeweiligen professionellen Amtsinhabers, die sich hierarchischen Weisungs- und Kontrollsystemen entzieht. Soziologische Untersuchungen[28] über die Stellung der Professionen in der Verwaltung sprechen deshalb von einem „doppelten Mandat" zwischen bürokratischen und professionellen Handlungsmustern und Orientierungen und weisen für die Professionen in bürokratischen Organisationen hohe Autonomie, starke horizontale Kommunikation und Kooperation sowie ständige Konflikte mit der formalen Hierarchie nach. Dementsprechend wird als organisationswissenschaftliche Grundregel formuliert, „daß die einzelnen Merkmale bürokratischer Organisation um so schwächer ausgeprägt sein sollten, je stärker die professionelle Orientierung der Organisationsmitglieder ist. Das bürokratische Organisationsmodell wäre also zunehmend durch Modelle zu substituieren, die zur Sicherung professioneller Autonomie und Selbstkontrolle entwickelt wurden"[30]. Dabei sind allerdings unterschiedliche Autonomiegrade möglich und nötig[31].

Selbst in der allgemeinen Verwaltung ist dieses Problem, z. B. unter dem Stichwort „Sachverstand und Verantwortung in der öffentlichen Verwaltung"[32], diskutiert und ein erheblicher Wandel der traditionellen monokratischen Entscheidungsstruktur hin zu verstärkter Kollegialität und Kooperationen diagnostiziert worden[33].

---

[28] Allgemein zu Formen, Voraussetzung und Folgen von Professionalisierung: Luckmann / Sprondel (Hrsg.), Berufssoziologie, 1972; Rüschemeyer, Professionalisierung, Geschichte und Gesellschaft, 1980, S. 311 ff.; Schluchter, Aspekte bürokratischer Herrschaft, 1972, S. 139 ff. Zur Professionalisierung der Sozialarbeit z. B. die umfangreiche Sammlung von H. U. Otto / K. Utermann, Sozialarbeit als Beruf; zur Professionalisierung der Lehrertätigkeit: Horn (I Anm. 28), S. 72 ff., 134 ff.

[29] Scott, Konflikte zwischen Spezialisten und bürokratischen Organisationen, in: R. Mayntz (Hrsg.), Bürokratische Organisation, 1971, S. 201 ff.; Kairat, „Professions" oder „freie Berufe"?, Professionales Handeln im sozialen Kontext, 1969. Kritische Zusammenfassung der Untersuchungen bei Larson, The Rise of Professionalism, Berkeley 1977, 136 ff., 178 ff.; Wersebe, Demokratisierung durch Professionalisierung? Zum Konzept funktionaler Partizipation, Zeitschrift für Soziologie 1978, S. 157 ff.

[30] Wersebe (II Anm. 29), S. 159 (Zitat); vgl. die Übersicht bei Horn (I Anm. 28), S. 134 ff.; Litwak, Drei alternative Bürokratiemodelle, in: R. Mayntz (II Anm. 29), S. 117 ff.; Etzioni, Soziologie der Organisation, 3. Aufl. 1971, S .120 ff.

[31] Wersebe (II Anm. 29), S. 159/60; bei „halbprofessionellen" Organisationen wie den Grundschulen und der Sozialarbeit (Etzioni, II Anm. 30, S. 138) sind Elemente der bürokratischen Organisation eher verwirklichbar.

[32] So der Titel einer Tagung und Schrift der Verwaltungshochschule Speyer 1966.

[33] So z. B. Müller-Heidelberg, Sachverstand und Verantwortung in personeller Hinsicht (II Anm. 32), S. 96 ff., 100 f.; Zurhausen, ebd., S. 61 ff., 78 ff.

b) Klientenorientierung

Die Professionalisierung erhöht aber nicht nur die fachliche Autonomie, sondern schafft ebenfalls eine stärker *inhaltlich-fachliche Arbeitsorientierung*. D. h., daß die Bediensteten die Verwaltungsaufgabe als solche sehen und lösen, die spezifischen Perspektiven und Interessen der Verwaltungsorganisation dagegen vernachlässigen. Die Beschäftigten sind deshalb stärker *klientenorientiert*[34]. Seine Entsprechung findet dies in den Produktionsbedingungen solcher Dienstleistungen[35]. Sie setzen die Anwesenheit des „Kunden / Klienten" und die vertrauensvolle Kooperation mit ihnen voraus, was die Rechtsordnung in vielen Fällen z. B. durch Zeugnisverweigerungsrechte (§ 53 StPO) bzw. Geheimnisschutzvorschriften (§ 203 StGB, 35 SGB 1 sowie neuerdings §§ 67 ff. SGB X) anerkannt hat.

c) Persönliches Engagement

Durch ihre Klientenorientierung erfordert die Verwaltungsaufgabe meist ein über die Verwaltungsroutine hinausgehendes *persönliches Engagement*. Die Verwaltungsleistung kann nur erbracht werden, wenn der Bedienstete sich als Person einbringt und aus seiner Persönlichkeit heraus handelt. Amt und Person sind kaum voneinander zu trennen[36]. Deutlich ist dies bei allen künstlerischen Leistungen, es spielt aber auch bei (sozial-)pädagogischen, wissenschaflichen und therapeutischen Verwaltungsaufgaben eine wesentliche Rolle. Auch daraus folgt, daß die Aufgabenerledigung dort, wo sie in arbeitsteiligen Organisationen ausgeübt wird, eine gewisse persönliche Selbstbestimmung und dementsprechend auch ein hohes Maß an freiwilliger Kooperation mit Arbeitskollegen wie mit der Verwaltungsleitung erfordert.

d) Zwang zur Kooperation mit gesellschaftlichen Gruppen

Dem starken Klientenbezug, der Offenheit gegenüber der Umwelt und dem notwendigen persönlichen Engagement der Beschäftigten entspricht es, daß es zu diesen Verwaltungsaufgaben *zahlreiche konkur-*

---

[34] Vgl. die detaillierten Untersuchungen zur Sozialarbeit bei Giese (II Anm. 26), Bd. 1, S. 45 ff.; Böhnisch / Lösch, Das Handlungsverständnis des Sozialarbeiters und seine institutionelle Determination, ebd., Bd. 2, S. 21 ff., sowie die Aufsätze zur Handlungsorientierung der Sozialarbeiter von Karberg, Weber, Haag, Müller, ebd., Bd. 2, S. 147—222; Müller / Otto, Gesellschaftliche Bedingungen und Funktionsprobleme der Organisation sozialer Arbeit im Kontext staatlichen Handelns, Neue Praxis (I Anm. 4), S. 5 ff.

[35] Dazu Badura / Gross, Sozialpolitische Perspektiven, 1976, S. 66 ff. m. w. N.; Grunow / Hegner, Die Gewährung persönlicher und wirtschaftlicher Sozialhilfe, Ms Bielefeld 1978, S. 24 ff.

[36] So allgemein für professionelle Organisationen Schluchter (II Anm. 28).

rierende private, gesellschaftliche Initiativen und Institutionen gibt,
deren Mitwirkung bei der Aufgabenerfüllung der Staat oft anerkannt
hat, die er aber nur allgemein kontrolliert und die er sogar fördern muß
(Art. 7 Abs. 1, 4 GG i. V. m. der Rechtsprechung[37] und den Schulgeset-
zen der Länder, §§ 5 ff., 78 JWG, §§ 10, 93 BSHG, Krankenhausfinan-
zierungsgesetz, § 17 SGBI). Daraus folgt auch, daß eine hoheitliche,
öffentlich-rechtliche Organisationsform und die entsprechende inhaltliche Programmierung durch staatliche, politisch verantwortliche Organe
für die Aufgabenerfüllung nicht essentiell erforderlich ist.

e) Situationsbezug und niedrige Formalisierbarkeit

Da die konkrete Aufgabenerledigung erst im Kontakt mit den Klienten erfolgt und viele unvorhersehbare, individuelle wie gesellschaftliche
Faktoren zu berücksichtigen hat, ist sie *stark situativ und komplex*. Es
sind in der Regel nur mehr oder weniger detaillierte Zwecke und Ziele
(soziale Integration, Heilung, Lernziele), selten auch der Weg zur Er-
reichung dieser Ziele (Lehrpläne) vorgegeben. Die Beschäftigten haben
erhebliche Spielräume bei der Alternativengewinnung und Alternati-
venauswahl zur Erfüllung ihrer Ziele wie bei der situativen Konkretisierung dieser Ziele selbst. Deshalb lassen sich diese Aufgaben weder
extern durch den Gesetzgeber noch intern durch die Verwaltungsspitze
detailliert programmieren, bestehen für sie allenfalls „Zweck-" und
„Suchprogramme"[38], die weite Spielräume für den Anwender lassen
müssen und für deren Erledigung Organisationen mit dezentraler Ent-
scheidungszuständigkeit und starker interner, horizontaler Kommunikation am geeignetsten sind[39].

Die *fehlende Gleichförmigkeit, Regelhaftigkeit und Routinisierbarkeit*
führt zu einer *geringeren Programmierbarkeit und einem geringeren
Formalisierungsgrad* als bei anderen Verwaltungsaufgaben. Wenn auch
einige allgemeine Elemente der Formalisierung gegeben[40] sind (z. B.
Festlegung der Stelleninhalte und ihre Einordnung in den Verwaltungs-

---

[37] Zur Privatschulförderung vgl. BVerwGE 23, S. 247 ff.; 27, S. 360 ff.;
Maunz / Dürig / Herzog / Scholz, Grundgesetz, Art. 7 Rdnr. 86.

[38] Dazu Becker (I Anm. 30), S. 281 ff. Vgl. zur Steuerungsmöglichkeit auch:
Hesse, Verhaltensänderung durch Curricula? Ein rechtssoziologischer Bei-
trag, in: Curriculum-Handbuch (Hrsg. K. Frey), 1975, S. 103 ff. Allgemein
hierzu auch: Jowell, The legal control of Administrative Discretion, Public
Law, 1973, S. 178 ff.

[39] Dazu Becker (I Anm. 30), S. 281 ff., in Zusammenfassung mehrerer orga-
nisationswissenschaftlicher Untersuchungen; ähnlich Wersebe (II Anm. 29),
S. 160 ff.

[40] Zur Formalisierung in bürokratischen Organisationen vgl. R. Mayntz,
Soziologie der Organisation, 1963, S. 86 ff.; Luhmann, Funktion und Folgen
formaler Organisation, 1964, S. 61 ff.; Horn (I Anm. 28), S. 131 ff. m. w. N.

aufbau), so sind andere kaum erfüllt (Fixierung des Kommunikations-
gefüges, der Arbeits- und Verhaltensregeln, Unpersönlichkeit der Amtsführung und Rollentrennung). Über das in jeder (Verwaltungs-)Organi-
sation vorhandene Maß[41] hinausgehend weist die Verwaltung dieser
Dienstleistungen also neben der formalen, durch Gesetz und interne
Regelungen gewährleisteten, eine informale Organisation, Handlungs-
struktur und Handlungsorientierung der Bediensteten auf.

Diese Verwaltungsaufgaben werden damit sowohl in der Beziehung
zur Umwelt, zu den Klienten, wie innerhalb der Organisation stärker
durch personale Elemente geprägt, so daß es gerechtfertigt ist, sie mit
dem Begriff *„personale Dienstleistungen"*[42] zu bezeichnen. Jede ihrer
Besonderheiten spricht also dafür, die Bediensteten über Formen der
fachlich-direktiven Mitwirkung an der Planung und der Organisation
der Durchführung der Verwaltungsaufgabe zu beteiligen. Dabei zeigen
allerdings die bisher verwirklichten unterschiedlichen Modelle, welche
Spannbreite auch hier noch möglich ist. Die Neuorganisation der sozialen Dienste bleibt durchweg im Rahmen des Modells bürokratisch-
hierarchischer Verwaltung und erreicht weitgehende Mitwirkungseffekte
nur durch Mittel der fachlich-amtsbezogenen Mitwirkung, während in
der Schulverwaltung und im kulturellen sowie wissenschaftlichen Bereich genuine Formen fachlich-direktiver Mitwirkung realisiert sind.

4. Parlamentarisch-demokratische Verantwortung
und Kontrolle der Verwaltung

Von den Gegnern einer Mitbestimmung im öffentlichen Dienst wird
auf die Gefährdung der demokratischen Struktur der öffentlichen Verwaltung und insoweit auf einen erheblichen Unterschied zur Mitbestimmung im Privatunternehmen hingewiesen[43]. Das Privatunternehmen sei
ein autonomes Gebilde, das allein binnenlegitimiert ist und seine Ziele
im Rahmen der Vorgaben des Marktes selbst setze. Bei Privatunter-

---

[41] Dazu ausführlich: *Bohne*, Informales Verwaltungshandeln im Gesetzesvollzug, und *Hucke*, Einschränkung und Erweiterung politischer Handlungsspielräume bei der Implimentation von Recht, in: Organisation und Recht,
Jahrbuch für Rechtssoziologie und Rechtstheorie, Bd. 7, 1980, S. 20 ff., 81 ff.

[42] Vgl. zur Begriffsbildung „persönliche Dienstleistung" *Badura / Gross*
(II Anm. 35), S. 66 f., die für ihren Typus jedoch nur die Kundenpräsenz, das
„uno actu Prinzip" und die Kooperationsnotwendigkeit als Merkmale entwickeln.

[43] *Ritter* (II Anm. 1); *Schmitt Glaeser* (I Anm. 1), S. 152, 153; *Biedenkopf /
Säcker* (II Anm. 1), S. 220 f., 233 f., 238 ff.; *Püttner* (I Anm. 1), S. 43 ff.; *Leisner*
(I Anm. 1); *Obermayer* (unten, III Anm. 2) und *Lecheler* (unten, III Anm. 3).
Besonders stark werden diese Argumente auch in der Auseinandersetzung
um den Streik im öffentlichen Dienst vertreten, vgl. *Isensee* und *Blanke* (II
Anm. 1).

nehmen würden die mitbestimmten Entscheidungen an den objektiven Erfolgskriterien des Marktes gemessen, Fehlentscheidungen würden auf das Unternehmen und damit auch die in ihm beschäftigten, mitbestimmungsberechtigten Arbeitnehmer zurückschlagen, so daß die Systemzwänge des Marktes der Entscheidungsmacht der Mitbestimmungsgremien natürliche Grenzen setzen würden. Die öffentliche Verwaltung dagegen sei heteronom, ihre Legitimation und die Kontrolle ihrer Macht sei vor allem von außen über das demokratisch legitimierte Parlament und die von ihm gewählte und abhängige ministerielle Verwaltungsspitze gewährleistet. Die Verwaltung wäre also — wie die klassische Bürokratie — eine „funktionale Organisation", deren Ziele vorgegeben sind und die im wesentlichen nur der Zielerreichung und der Optimierung der Mittel zur Zielerreichung dient, im Gegensatz zur „politischen Organisation", die ihre Ziele selbst definieren kann.

Bleibt man auf der Ebene dieser Argumentation, so ist gegen sie einzuwenden, daß die „heteronome" Steuerung der Verwaltung auch bei einer fachlich-direktiven Mitwirkung im wesentlichen gewahrt wird, da die hierfür entscheidenden Instrumente nicht angetastet werden: Das Gesetz und die Bindung der Verwaltung an das Gesetz, die Kontrolle der Verwaltung durch das Parlament selbst, durch die Gerichte und durch spezielle Institutionen wie die Rechnungshöfe etc.

Als Organisation und Subsystem muß die Verwaltung Leistungen an ihre Umwelt — das Parlament, die politische Spitze der Exekutive, die anderen Verwaltungsorganisationen und vor allem die Bürger — erbringen. Bei der fachlich-direktiven Mitwirkung wird die politische Bestimmung dieser Ziele der Organisation nicht in die Hand der Organisationsmitglieder, der Bediensteten, gelegt. Vielmehr geht es darum, die aus der Aufgabe notwendig erwachsenen und für die Aufgabenerfüllung auch erforderlichen Spielräume zu strukturieren und zu stärken[44]. Durch die fachlich-direktive Mitwirkung werden deshalb allenfalls einige Instrumente der heteronomen Steuerung der Verwaltung partiell eingeschränkt, nämlich das durchgängige Weisungsrecht der politischen Verwaltungsspitze und die Kompetenz bei der personellen Auswahl von Amtsträgern auf der mittleren und unteren Leitungsebene.

Darüber hinaus ist diesen Argumenten zwar eine gewisse logische Stringenz nicht abzustreiten. Nur sind sie weder theoretisch konsistent, da sie ahistorisch-abstrahierend vorgehen (a), noch stimmen sie mit der Wirklichkeit überein, da sie die heutigen Legitimations- und Steue-

---

[44] Dieses Problem ist eingehend analysiert bei Scharpf, Demokratietheorie zwischen Utopie und Anpassung, 1970, S. 66 ff.; Naschold (I Anm. 29), S. 73 ff.; Teubner, Organisationsdemokratie und Verbandsverfassung, 1978, S. 135 ff., 221 ff.

rungsprobleme der Verwaltung allzusehr vereinfachen und Steuerungsdefizite (b) sowie ihren Ausgleich auch durch die Einführung von Elementen fachlich-direktiver Mitwirkung (c) nicht hinreichend bedenken.
Unter allgemeinen demokratietheoretischen Aspekten geht es also darum, die Funktionsfähigkeit der gerade auch unter der Geltung des
Grundgesetzes wichtigsten demokratischen Institutionen, des Parlaments
und der parlamentarisch verantwortlichen Exekutive, zu gewährleisten.
Ob die fachlich-direktive Mitwirkung selbst eine besondere Ausformung
des Demokratieprinzips ist, die neben dem Prozeß demokratischer
Willensbildung im Parlament und durch das Parlament eine selbständige
Bedeutung hat, ist unten (III, 1, d) kritisch zu erörtern.

a) Der Zusammenhang von
hierarchisch-bürokratischer Verwaltungsstruktur
und konditionaler gesetzlicher Programmierung

Weder politische und soziale Freiheitsrechte noch die politischen Organisationsprinzipien und die oben dargestellten Formen der Beteiligung
an der staatlichen Verwaltung lassen sich mit dem privatrechtlichen Zusammenhang von Macht und Verantwortung, Herrschaft und Haftung
in erschöpfender Weise umschreiben. Denn bei den Rechten der politischen Beteiligung und den Organisationsprinzipien der Verwaltung
steht die Verwirklichung staatsbürgerlicher Freiheit im Vordergrund,
deren „Folgen" nicht so sehr durch individuelle Haftungs- und Zurech-
nungsmechanismen, sondern gesamtpolitisch getragen werden und entsprechend durch gegenläufige, pluralistische Tendenzen im politischen
Prozeß wie durch interne staatliche Organisationsmaßnahmen und komplizierte Systeme interner Kontrolle und internen Ausgleichs („checks
and balances") reguliert werden. Die Betonung der Heteronomie staatlicher Verwaltung trifft auch nur einen wichtigen, aber nicht den allei-
nigen Mechanismus der Kontrolle und Willensbildung im politischen
System. Sie orientiert sich letztlich an dem klassischen System der Ver-
waltungssteuerung, das als historischer Idealtypus aufbaut auf den
Elementen einer strikten Trennung von Staat und Gesellschaft und
gelegentlicher, rein ordnender Staatseingriffe, die durch ein hierarchi-
sches Normensystem determiniert und durch das klassische System der
bürokratisch-hierarchischen Verwaltung durchgesetzt werden. Die historische Bedingtheit dieses Modells „klassischer Verwaltung" ist oft analysiert und allgemein anerkannt[45]; es hat sich mit dem Wandel der ökono-

---

[45] Vgl. die sozialwissenschaftliche, systemtheoretisch orientierte Analyse
von Treutner / Wolff / Bonß, Rechtsstaat und situative Verwaltung, 1978
passim; Grauhan, Modelle politischer Verwaltungsführung, Politische Vier-
teljahresschrift, 1969, S. 269 ff.; sowie Offe, Rationalitätskriterien und Funktionsprobleme politisch-administrativen Handelns, Leviathan, 1974, S. 333 ff.;

misch-gesellschaftlichen Voraussetzungen, des politischen Systems und der Funktion des Staats und der Verwaltung erheblich geändert.

Es genügt allerdings nicht, diese allgemeinen Strukturzusammenhänge und Wandlungen aufzuzeigen, sondern es müssen ihre konkreten heutigen Erscheinungen analysiert und daraus Folgerungen für die Organisation der Verwaltung gezogen werden. Hinreichend geschehen ist dies für das „Außenverhältnis" Verwaltung — Bürger z. B. für Probleme der Partizipation oder der Bürgerinitiativen, wie auch für die Grundfragen der Verwaltungsorganisation z. B. hinsichtlich der Ausdifferenzierung und Dezentralisierung im ministerialfreien Raum, der sogenannten mittelbaren Staatsverwaltung bzw. den verschiedenen Formen der körperschaftlichen Selbstverwaltung. Dagegen fehlt es an einer entsprechenden Umsetzung für das Innenverhältnis der Verwaltung, die Stellung der Verwaltungsbediensteten[46].

b) Autonomie und Kontrolle der Verwaltung

So bleibt auch die These, die Verwaltung müsse notwendig fremdbestimmt sein, zu abstrakt. Sie beschränkt sich auf die Außenperspektive und negiert, genauso wie es das klassische hierarchische Bürokratiemodell tut, völlig den „bürokratie"- bzw. „verwaltungs"-internen Bereich, nämlich den „subjektiven Faktor" der Verwaltung, die Bedürfnisse, Handlungsorientierungen und Arbeitsbedingungen der Beschäftigten (dazu oben II, 2) sowie ihre interne Autonomie und weitgehenden Spielräume. Dementsprechend verkennt die These von der durchgehenden Fremdbestimmtheit der Verwaltung, daß die wesentlichen Steuerungsmittel des Parlaments gegenüber der Verwaltung, insbesondere das Gesetz (aa) und die Verwaltungskontrolle (bb), nicht so weit greifen, daß sie jegliche Autonomie ausschließen und daß sich diese mangelnde Kontrolle und Steuerbarkeit auch im Verhältnis Verwaltungsspitze — Verwaltungsunterbau fortsetzt (cc).

aa) Die Entwürfe der meisten Gesetze stammen aus dem Bereich der politischen Leitung der Verwaltung, der Regierung und damit auch aus den Verwaltungen der Ministerien, wo die wesentlichen Informationen

---

Pankoke / Nokielski, Verwaltungssoziologie, 1977; vgl. den allgemeinen Überblick bei Nocke, Wissen in der Organisation, 1980, S. 37 ff. Rechtswissenschaftlichen Niederschlag hat dies z. B. gefunden bei: Forsthoff, Lehrbuch des Verwaltungsrechts I, 10. Aufl. 1973, § 4 S. 59 ff.; Wolff / Bachof, Verwaltungsrecht, Bd. 1, 9. Aufl. 1974, § 10. Bei Nocke (ebd., S. 53 ff.) auch Bedenken gegen eine zu starke Parallelisierung von Programmform und Organisationsaufbau.

[46] Ansätze gibt es vor allem für das Problem der Professionellen in der Organisation (oben, II Anm. 28 ff.) und der Qualifikation (Nocke, II Anm. 45, passim). Neuerdings: Lenk u. Preuß, Steuerung des Handelns von Verwaltern, in: Organisation und Recht (Anm. 70), S. 254 ff., 264 ff.

zusammengetragen und verarbeitet werden, die inhaltlichen Alternativen bereits entschieden worden sind, und die Abstimmung mit den gesellschaftlichen Interessengruppen stattgefunden hat[47]. Die Justizforschung wie die Kritik der traditionellen Methode der Rechtsanwendung und ihre Umsetzung in die Verwaltungslehre und in die Dogmatik des Verhältnisses von Verwaltung und Gesetz haben herausgearbeitet[48], daß bei der Gesetzesanwendung erhebliche Freiräume bestehen, und zwar eher verdeckt hinsichtlich der Sachverhaltsermittlung und eher explizit bei Prognoseentscheidungen und bei der Konkretisierung unbestimmter Gesetzesbegriffe sowie bei Ermessensermächtigungen[49]. Und zwar gilt dies selbst dann, wenn das Gesetz das Verwaltungshandeln ansonsten weitgehend programmiert hat. Um etliches gesteigert ist dieser Spielraum noch, wenn das Gesetz — wie in weiten Bereichen der Leistungsverwaltung und speziell der Subventions- und Beschaffungsverwaltung — höchstens das Ziel des Verwaltungshandelns vorschreibt und u. U. noch alternative Mittel erwähnt, ansonsten aber Art und Auswahl der Mittel und die Intensität der Zielerreichung weitgehend der Verwaltung selbst überläßt (sogenannte finale Programmierung). Sehr groß sind die Spielräume bei der Planung, bei der die Verwaltung explizit die Programme selbst formuliert[50]. Unabhängig von der Art und Intensität gesetzlicher Programmierung bestehen weitere Spielräume im zeitlichen und organisatorischen Vollzug des Gesetzes[51]; im organisatorischen Vollzug insbesondere bei der Eigenprogrammierung der Exekutive, wie z. B. bei der Planung des Vollzugs, der Umformulierung der Gesetzesziele in praxisnahe und handhabbare „Organisationsziele" und der Organisation des Gesetzesvollzugs durch Erlaß von Verordnungen und Verwaltungsvorschriften sowie der Bereitstellung sachlicher und personeller Mittel. Schließlich hat die Verwaltung erhebliche Spielräume in dem Ausmaß, in dem das (Gesetzes-)Programm tatsächlich durchge-

---

[47] Dazu Grauhan (II Anm. 45, passim); Schmid / Treiber, Bürokratie und Politik, 1975, S. 186—188; R. Mayntz (II Anm. 40), S. 181 ff. Vgl. hierzu und zum folgenden neuerdings R. Hegenbarth, Von der legislatorischen Programmierung zur Selbststeuerung der Verwaltung, in: Organisation und Recht (II Anm. 41), S. 130 ff.

[48] Vgl. W. Brohm (I Anm. 28), S. 245 ff.; W. Schmidt, Die Programmierung von Verwaltungsentscheidungen, AöR 96, 1971, S. 321 ff.; Scholz u. Schmidt / Aßmann, Verwaltungsverantwortung und Verwaltungsgerichtsbarkeit, VVD-StRL 34, 1975, S. 145 ff., 221 ff.; sowie Lenk u. Preuß (II Anm. 46).

[49] Vgl. II Anm. 48 und Koch, Der unbestimmte Rechtsbegriff im Verwaltungsrecht, in: Koch (Hrsg.), Juristische Methodenlehre und analytische Philosophie, 1976, S. 186 ff.

[50] Zu diesen Formen der Programmierung und den Spielräumen der Verwaltung vgl. Treutner / Wolff / Bonß (II Anm. 45), S. 66 ff.

[51] Vgl. den kurzen Überblick von R. Mayntz, Einleitung zu: Mayntz (Hrsg.), Implementation politischer Programme, 1980, S. 9/10, 11—13; F. Wagener, Der öffentliche Dienst im Staat der Gegenwart, VVDStRL Bd. 37 (1978), S. 238 ff.

setzt, Normverstöße, Abweichungen und Umgehungen toleriert[52] und die Nichtbeanspruchung von Leistungen / Diensten akzeptiert werden[53].

Darüber hinaus haben politik- und organisationswissenschaftliche Untersuchungen und Analysen[54] weitere Gründe für die Autonomie der Verwaltung gegenüber der heteronomen Bestimmung durch den Gesetzgeber und die politische Spitze hervorgehoben: die enge, jahrelange Kooperation der Verwaltung mit politischen und gesellschaftlichen Gruppen / Interessenträgern, die — schon erwähnte — eigenständige, soziale und berufliche („professionelle") Orientierung der Verwaltungsbediensteten, die Größe der Organisation und die nicht- oder nur schwerprogrammierbaren neuen Aufgabengebiete der Verwaltung. So hat eine Untersuchung über eine traditionelle Hoheitsverwaltung, die Steuerverwaltung[55], gezeigt, daß die Gesetzesziele (z. B. „Steuergerechtigkeit", „Gleichbehandlung") in Organisationsziele umformuliert werden müssen, wobei erhebliche Spielräume bestehen. Beim Vollzug der Umweltgesetze und -programme zeigten Untersuchungen[56] auch, daß es zwischen der Verwaltung und den privaten Betreibern von Anlagen relativ konstante und stabile Kooperationsbeziehungen gibt, die gerade bei längerfristigen, grundsätzlichen Konflikten zu — im Sinne der Gesetzesbindung und Programmkonkretisierung — problematischen Kompromissen führten. So verzichtete die Verwaltung auf gesetzlich

---

[52] Zu diesen Spielräumen grundsätzlich Feest / Blankenburg, Die Definitionsmacht der Polizei, Strategien der Strafverfolgung und sozialen Selektion, 1972 sowie unten, II Anm. 56.

[53] Vgl. Badura / Gross (II Anm. 35), S. 300 ff.; Grunow / Hegner, in: F. X. Kaufmann (Hrsg.), Bürgernahe Sozialpolitik, 1979, S. 339 ff., sowie Raschke / Schliehe, ebd., S. 139 ff.; Grunow, Personenbezogene und organisatorische Bedingungen unterschiedlicher Rechtsanwendung im Verwaltungsalltag: Empirische Beispiele aus der Sozialverwaltung und der Finanzverwaltung, in: Organisation und Recht (II Anm. 41), S. 169 ff.; Leibfried, Vorwort zu Piven / Cloward, Regulierung der Armut, Die Politik der öffentlichen Wohlfahrt, 1977, S. 9—67.

[54] Zu ihnen R. Mayntz (II Anm. 11), S. 64 ff. m. w. N.

[55] Hegner, Strukturelemente organisierter Handlungssysteme, in: G. Büschges (Hrsg.), Organisation und Herrschaft, 1976, S. 226 ff., Zitat S. 237. Grunow (II Anm. 53), 169 ff. Zu der daneben bestehenden stark hierarchischen Struktur der Finanzverwaltung: Körber, Bericht über eine Untersuchung der Arbeitssituationen in der Steuerverwaltung am Beispiel des Finanzamtes Friedberg/Hessen, 1976, S. 62 ff.

[56] Vgl. R. Mayntz / Derlin u. a., Vollzugsprobleme der Umweltpolitik, 1978, S. 348 ff., 410 ff., 659 ff., 754 ff.; Stich, Personale Probleme des Vollzugsdefizits in der Umweltschutzverwaltung, in: König / Laubinger / Wagener (Hrsg.), Öffentlicher Dienst, Festschrift Ule, 1977, S. 215 ff.; Hucke u. a., Implementation kommunaler Umweltpolitik, 1980; G. Winter, Das Vollzugsdefizit im Wasserrecht, 1975 sowie Bohne und Hucke (oben, II Anm. 41) und Bohne, Absprachen zwischen Industrie und Regierung in der Umweltpolitik, in: Gessner / Winter (Hrsg.), Rechtsformen der Verflechtung von Staat und Wirtschaft, 1982, S. 266 ff. Allgemein zum Vollzugsdefizit: F. Wagener (II Anm. 51), S. 244 ff. und R. Mayntz (II Anm. 51).

gebotene und z. T. schon verhängte Sanktionen wie auf Fristen etc. In der Sozialverwaltung[57] bestehen trotz eingehender gesetzlicher Regelung und innerbehördlicher Normierungen durch Verwaltungsvorschriften insbes. dort erhebliche Vollzugs- und Leistungsdefizite, wo die Leistungsgewährung an die aktive Mitwirkung des Adressaten gebunden ist, der Bürger die Kontaktschwelle zur Verwaltung jedoch von sich aus nur selten überwindet, weshalb die Verwaltung selbst aktiv, flexibel und unbürokratisch handeln müßte, dazu aber aus vielfältigen, insbesondere auch innerorganisatorischen Gründen nicht fähig ist.

bb) Es ist ein wesentlicher Einwand gegen eine fachlich-direktive Mitwirkung der Bediensteten, daß sich damit die „Kontrollierten" selbst kontrollieren würden[58]. Dieses Argument übersieht einmal, daß sich die parlamentarische und gerichtliche Kontrolle inhaltlich vor allem auf die Einhaltung der vom Parlament beschlossenen Gesetze durch die Verwaltung bezieht. Dies muß von verfassungswegen (Art. 20 Abs. 3 GG) auch bei der fachlich-direktiven Mitwirkung gewährleistet sein — was bei allen bisher praktizierten Formen der Fall ist. Zum anderen kann die parlamentarische Kontrolle der Verwaltung personell wie inhaltlich grundsätzlich nur die politische Spitze der Verwaltung und ihre leitende Tätigkeit erfassen. Auf die Masse der einzelnen Verwaltungsbediensteten, die in der Regel selbst die Mitbestimmungsträger sind oder sie entscheidend wählen werden, und auf die speziellen Aufgaben der Bediensteten kann sich die parlamentarische Kontrolle allenfalls ausnahmsweise und nur vermittelt über die politische Verwaltungsspitze erstrecken.

Darüber hinaus besteht — völlig unabhängig von der Frage der Mitwirkung der Bediensteten — ein Kontroll- und Verantwortungsdefizit des Parlaments gegenüber der Regierung und der politischen Verwaltungsspitze, das in den letzten Jahren intensiv im Bereich der mangelnden parlamentarischen Kontrolle der Nachrichtendienste[59] und der allgemeinen politischen wie der wirtschafts- und sozialpolitischen Planung[60] festgestellt und diskutiert und durch breite, empirische Studien[61] wie grundlegende Analysen[62] bestätigt wurde.

---

[57] Grunow, Grunow / Hegner und Raschke / Schliehe (II Anm. 53).

[58] Siedentopf (I Anm. 2), S. 155 ff.

[59] H. Borgs-Maciejewski, Parlament und Nachrichtendienste, „Aus Politik und Zeitgeschichte", B 6/77, S. 12 ff. m. w. N.

[60] H. P. Schneider (II Anm. 23), S. 23 m. w. N. sowie der zusammenfassende Überblick bei E.-H. Ritter, Theorie und Praxis parlamentarischer Planungsbeteiligung, Der Staat, 1980, S. 413 ff. Zu einer erheblichen Reduzierung parlamentarischer Legitimation von Planungen im Energiebereich vgl. BVerfGE 49, S. 89 ff., 125 ff.

[61] Ellwein / Görlitz, Parlament und Verwaltung, Teil 1: Gesetzgebung und politische Kontrolle, 1967, sowie Hegenbarth (II Anm. 42), m. w. N.

Die Ursachen hierfür sind vielfältig. Neben den gerade erwähnten allgemeinen Gründen sind dies einmal die mangelnde Informiertheit, die angesichts der Aufgabenüberlastung des Parlaments und der politischen Führungsspitze kaum behebbar sein dürfte. Zum anderen ist es die fehlende Sachkunde, die nur teilweise durch Spezialisierung der Abgeordneten und Intensivierung der Ausschußarbeit der Parlamente beseitigt werden kann. Zudem erfaßt die klassische und verfassungsrechtlich gebotene Kontrolle der Verwaltung durch die Parlamente und die Gerichte im wesentlichen nur die Einhaltung der Gesetze durch die Verwaltung und damit — wie dargelegt — nur einen Ausschnitt der Verwaltungstätigkeit. Auch funktioniert die externe Kontrolle der Verwaltung durch Parlament, Rechnungshof und Gerichte etc. nur in Einzelfällen und im Nachhinein, während eine kontinuierliche und begleitende Kontrolle notwendig wäre[63]. Die Lösung dieses Informations- und Kontrollproblems setzt voraus, daß das Parlament permanent Zugriff auch auf die obere und mittlere Ebene der Verwaltung nehmen könnte, in der — wie in jeder bürokratischen Großorganisation — die wesentlichen Verwaltungsentscheidungen vorbereitet, die für sie notwendigen Informationen gesammelt und verarbeitet sowie Alternativen entwickelt bzw. ausgeschlossen werden. Schließlich ist die Mehrheit der parlamentarischen Kontrolleure parteipolitisch / fraktionell an die von ihnen gewählte und unterstützte Exekutive gebunden.

cc) Diese „Autonomie" der Verwaltung gegenüber dem Gesetzgeber besteht aber in fast gleichem Maße auch gegenüber der politischen Verwaltungsspitze[64], die, da selbst demokratisch legitimiert, an sich das „Demokratiedefizit" der Verwaltung durch die personelle Auswahl der Verwaltungsbediensteten und eine enge Kontrolle der Verwaltungsorganisation und -tätigkeit ausgleichen könnte. Doch kann die politische

---

[62] Hierzu und zum folgenden Scheuner (II Anm. 23), S. 379 ff.; Ellwein, Mitbestimmung im öffentlichen Dienst — eine Gefahr für den Staat?, in: Ellwein / Zehnder / Minde / Betzmeier, Mitbestimmung im öffentlichen Dienst, 1969, S. 11 ff. (21); Damkowski (II Anm. 1), S. 223; H. P. Schneider (II Anm. 23), S. 25 ff., beide m. w. N. sowie Schambek, Die Ministerverantwortlichkeit, 1971, S. 37 ff. und F. Wagener (II Anm. 51), S. 215 ff., 237 f.; Ritter (II Anm. 60), S. 424 ff.; Grauhan / Blank / Hirsch / Ellwein, in: Probleme der Demokratie heute, PVS Sonderheft 2, 1970, S. 156 ff., 165 ff., 170 ff.; Wittkämper, PVS Sonderheft 13, 1982, S. 190 ff.

[63] Vgl. oben, II Anm. 61, 62. So ergibt die Analyse parlamentarischer Beteiligung an der politischen Planung Ansätze einer notwendig voranzutreibenden engen institutionellen Kooperation zwischen Parlament und Exekutive, die zur Aufgabe traditioneller Theorien der Gewaltenteilung zwänge (Ritter, II Anm. 60).

[64] Vgl. allgemein dazu Mayntz (II Anm. 11), S. 95 ff., 112 ff., 211 ff.; Schmidt / Treiber (II Anm. 47), S. 122 ff., 180 ff.; Luhmann, Zweck — Herrschaft — System, in: ders., Politische Planung, 1971, S. 90 ff.; zusammenfassend Hegenbarth (II Anm. 74), S. 142/3 und Schröder, Verwaltung und politische Führung in der Bundesrepublik Deutschland, ZBR 1981, S. 109 ff.

Verwaltungsspitze den größten Teil der oben analysierten Spielräume in der Verwaltung auch verwaltungsintern durch die politische Verwaltungsspitze nicht regeln und kontrollieren. So hat sich die dem bürokratisch-hierarchischen Modell zugrunde liegende Annahme als falsch erwiesen, daß die Verwaltungsspitze, die bei ihrer Informationssammlung und -verarbeitung weitgehend auf den bürokratischen Unterbau angewiesen ist, über ausreichende Informationen und Fachkompetenz verfügt, um jede Entscheidung nachvollziehen und kontrollieren zu können, die der oft hochqualifizierte, spezialisierte, sachnahe und gut informierte Sachbearbeiter in der hierarchischen Linie, der in der Regel schon sehr viel länger im Amt ist als die Verwaltungsspitze, gefällt hat. Gekennzeichnet wird dies mit dem Sachverhalt, daß Amtsautorität und Sachautorität auseinanderfallen[65], bzw. mit dem Schlagwort „Krise der Hierarchie" in privaten und öffentlichen Organisationen[66]. Auch ist die Eigenprogrammierung der Verwaltung viel zu umfangreich, als daß sie von der Verwaltungsspitze durchgängig vorbereitet, durchgeführt und kontrolliert werden würde; sie wird oft schon auf den mittleren Ebenen der Verwaltung entwickelt und weitgehend von ihr umgesetzt und revidiert. „Solange im ‚Apparat' Programmanstöße erfolgen, Alternativen entwickelt und ausgewählt werden, zwischen denen schließlich zu entscheiden ist, solange im ‚Apparat' Probleme definiert und die Dringlichkeit, mit der sie nach oben gegeben werden, bestimmt wird, so lange programmiert der ‚Apparat' die ‚politische Spitze' und nicht umgekehrt die ‚politische Spitze' den ‚Apparat'[67]." Exemplarisch deutlich wird diese Schwierigkeit der Verwaltungsspitze, die Verwaltungsorganisation durch eine interne Programmierung zu steuern, bei dem sogenannten Dienst nach Vorschrift[68]. Statt der strikten Befolgung der internen Regelungen sind es ein hohes

---

[65] Nocke (II Anm. 45), S. 75 ff., 114 ff.; R. W. Scott (II Anm. 29); Etzioni (II Anm. 30), S. 83, 120 ff.

[66] H. P. Bahrdt, Die Krise der Hierarchie im Wandel der Kooperationsformen, in: Mayntz (Hrsg.) (II Anm. 29). Grundlegend zum Problem auch gerade für die Verwaltung: R. Steinberg, Faktoren bürokratischer Macht, Die Verwaltung 1978, S. 309 ff. m. w. N.; Klages, Grenzen der Organisierbarkeit von Verwaltungsorganisationen, Die Verwaltung 1977, S. 31 ff.; vgl. zudem die Kritik am Bürokratie- und Hierarchiemodell der Chefs der Verwaltungen von BA, DB und DP (oben, I Anm. 3) sowie allgemein zur Kritik am Bürokratiemodell: Lipp, Bürokratische, partizipative und Kaderorganisation als Instrumente sozialer Steuerung, Die Verwaltung 1978, S. 3 ff. Zur begrenzten Realisierung hierarchischer Modelle beim Vollzug von speziellen Verwaltungsprogrammen vgl. zudem R. Mayntz (II Anm. 51).

[67] Schmid / Treiber (II Anm. 47), S. 187. Dort auch S. 122 ff., 180 ff., allgemein zur Leitung der Ministerien durch den politisch verantwortlichen Minister, dem Einfluß der mittleren und unteren Ebenen.

[68] Zu einigen Aspekten des Dienstes nach Vorschrift vgl.: Helfer, Dienst nach Vorschrift als rechtssoziologisches Problem, Kölner Zeitschrift für Soziologie und Sozialpsychologie, 1965, S. 98 ff.

Maß an Loyalität und Identifikation mit den Verwaltungszielen und der Verwaltungsspitze, die den Verwaltungsvollzug gewährleisten. Letzteres jedoch sind Qualifikationen, die gerade durch die Mitwirkung der Bediensteten gesteigert werden sollen.

Darüber hinaus hat die Verwaltungsspitze bei den personalen Dienstleistungen noch größere Probleme inhaltlicher Determinierung und Kontrolle. Denn die Professionalisierung wie auch die Tatsache, daß Produktion und Konsumtion der Leistung zusammenfallen, so daß die Leistung oft nicht vergegenständlicht ist, erschweren die Kontrolle, wie die stark individuelle, komplexe und situative Natur der Leistungen eine gesetzliche und verwaltungsinterne Programmierung unmöglich machen. So dürfte es schwierig sein, einen Sozialarbeiter oder Lehrer nur durch Einzel- oder Generalanweisungen anzuhalten, einen Klienten / Schüler intensiv persönlich zu betreuen; auch läßt sich die Intensität dieser Betreuung kaum extern überprüfen.

c) Fachlich-direktive Mitwirkung als Ergänzung der parlamentarischen Kontrolle?

Auf der anderen Seite treffen viele dieser Leistungen die Persönlichkeit des Bürgers kontinuierlicher und einschneidender als viele Formen der klassischen Hoheitsverwaltung. Deshalb ist es notwendig, die Kontroll- und Steuerungsdefizite im Bereich der personalen Dienstleistungen zu beseitigen.

Allerdings dürfte es schwer sein, dieses allmählich schon traditionsreiche externe und interne Legitimations- und Kontrolldefizit großer Verwaltungsorganisationen durch die herkömmlichen Organisationsmittel zur beheben. So hatte sich z. B. das erhebliche Vollzugsdefizit der Hamburger Verwaltung in der Sicherung des Umweltschutzes gegenüber der Hamburger chemischen Fabrik Stoltzenberg weiterentwickelt, obwohl 1974 das Bundesimmissionsschutzgesetz die Kontrolle über gefährliche Industrieanlagen verstärkt, obwohl die Parlamentsreform von 1971 die Stellung des Landesparlaments und der parlamentarischen Opposition gegenüber der Exekutive ausgebaut[69], obwohl sogar die parlamentarische Anfrage einer Abgeordneten auf die Gefahren aufmerksam gemacht und obwohl die Verwaltung auf den unteren Ebenen ihre Kenntnisse von dem Gefahrenpotential auch weitergegeben hatte[70].

Andererseits gibt es Ansätze, die inhaltliche parlamentarische Legitimation und gerichtliche Kontrolle im Bereich personaler Dienstleistungen zu erweitern, wie die Entwicklung im Schul- und Bildungsrecht

---

[69] Busse / Hartmann, Verfassungs- und Parlamentsfragen, 1971, S. 200 ff.
[70] Siehe Bürgerschaftsdrucksache 9/2121, insbes. S. 72—77, 103, 104/5, 109.

zeigt[71]. Nur dürfte dies keinesfalls ausreichen, so daß das Problem bestehen bleibt, wie das System parlamentarisch-demokratischer Legitimation und Kontrolle sowie rechtsstaatlicher Legalität ergänzt werden und zu ihm „funktionale Äquivalente" gefunden werden können[72].

Dabei gilt es zu differenzieren:

— Dort, wo die Verwaltung auf stark betroffene und auch engagierte Bürger trifft, deren Kreis zudem exakt abgrenzbar und von der Interessenlage her relativ homogen ist, und die bedingt durch die Art der Verwaltungsaufgabe in die anstaltliche Leistungserbringung weitgehend inkorporiert sind, wie besonders im *Bildungsbereich*, werden die Bürger in der Regel starke externe Kontrollfunktionen ausüben können und sowohl die Gerichte wie die politische Verwaltungsspitze und das Parlament zu diesem Zwecke mobilisieren. Ein Kontroll- und Verantwortungsdefizit wird man hier — unabhängig davon, ob eine Mitwirkung der Bediensteten eingeführt wird — nicht befürchten müssen, solange die Rechtstellung der betroffenen Bürger genügend ausgebaut und sie sogar in die Verwaltungsorganisation einbezogen sind (Eltern- und Schülermitverwaltung).

— In der Regel findet aber eine so intensive Inkorporierung und Partizipation der Bürger wie bei der Schulverwaltung nicht statt. Für die übrige Verwaltung gilt es weiter zu unterscheiden: Gerade bei *verselbständigten Verwaltungseinheiten* gibt es entweder interne Kontroll- und Legitimationsverfahren (in Selbstverwaltungskörperschaften durch die Mitglieder und ihre Repräsentanten, in den Rundfunkanstalten durch die Vertreter staatlicher Organe und der Verbände, in den öffentlichen Anstalten und Eigenbetrieben durch Verwaltungs- und Aufsichtsausschüsse des Trägers) oder aber staatliche Aufsichtsgremien. Soweit Bedienstetenvertreter in diesen Gremien interner oder externer Kontrolle vertreten sind, können sie dazu beitragen, das oben analysierte Kontrolldefizit abzubauen. Denn in der Regel dürfte es auch in diesen Kontrollgremien noch schwerfallen, die wesentlichen Entscheidungs- und Organisationsprozesse in der Verwaltung hinreichend ausführlich zu erfahren, zu steuern und zu kontrollieren. Hier könnten über die Vertreter der Bediensteten selbst erheblich mehr interne Informationen

---

[71] Vgl. Starck, Staatliche Schulhoheit, Pädagogische Freiheit und Elternrecht, DÖV 1980, S. 269 ff.; L.-R. Reuter, Bildung zwischen Politik und Recht, in: R. Voigt (Hrsg.), Verrechtlichung, 1980, S. 116 ff. m. w. N. Allgemein zu den Ursachen und Grenzen der Verrechtlichung: K. Lange, Normvollzug und Vernormung, in: Recht und Organisation (Anm. 70), S. 268 ff.; ders., Eindämmung der Vorschriftenflut im Verwaltungsrecht, DÖV 1979, S. 533 ff.

[72] Zu diesem Problem genereller: Rinken, Aufgabe der Verwaltung — Ziele des Verwaltungshandelns im Hinblick auf den Umgang mit dem Bürger, in: Hoffmann-Riem (Hrsg.), Bürgernahe Verwaltung?, 1980, S. 23 ff. (44 f.); Lenk (II Anm. 46), S. 259 ff.

kontinuierlich eingegeben und Probleme der Verwaltung direkter angesprochen werden. Da die Bedienstetenvertreter kein Mandat in den politischen Körperschaften haben und in ihrer Position als Vertreter der Bediensteten stark von den Bediensteten selber, oft noch von einer Gewerkschaft, aber meist kaum von einer Partei oder einem sonstigen Interessenverband abhängen, werden sie — im Verhältnis zu den Vertretern der politischen Gremien wie auch der Verbände — oft mit weniger partei- und verbandspolitischen Rücksichten ihre Kontrollfunktion ausüben können, insbesondere, aber sicherlich nicht ausschließlich, dort, wo Interessen der Bediensteten im Spiel sind.

— Auch ohne Verknüpfung mit verwaltungsexternen Kontroll- und Entscheidungsgremien kann eine fachlich-direktive Mitwirkung der Bediensteten gerade im *Bereich der personalen Dienstleistungen* neue Formen der fachlichen (Selbst-)Kontrolle etablieren. Da, wie gezeigt, diese Dienstleistungen im engen Kontakt mit dem Bürger „unter vier Augen" produziert und sofort konsumiert werden, ist eine Kontrolle nur im Nachhinein und nur dann möglich, wenn der Verwaltungsbedienstete selbst bereit ist, über seine Tätigkeit offen zu berichten und fachliche Hilfe sowie Ratschläge zu akzeptieren. Dies kann nur außerhalb der Hierarchie und ohne Sanktionsdrohung in rein fachlicher und kollegialer Form geschehen, wie sie z. B. bei der Supervision in der Sozialarbeit durch externe Fachleute oder durch fachliche Kooperation im Team (u. U. zusammen mit einem externen Supervisor) entwickelt worden ist[73].

— Daneben akzentuiert die fachlich-direktive Mitwirkung von Bediensteten *generell für die Verwaltung* auch ein ergänzendes Konzept der Kontrolle von Großorganisationen: Ihre interne, ausdifferenzierte Strukturierung. Das damit angesprochene prinzipielle Verhältnis von Demokratie (im weiten, nicht verfassungsrechtlichen Sinne) und Organisation kann hier nicht erschöpfend diskutiert werden. Geht man von der grundsätzlichen Schwierigkeit aus, Großorganisationen extern (wie auch intern) demokratisch zu legitimieren und zu kontrollieren[74], so bietet es sich als Ergänzung an, das Kontrollproblem durch binnenorganisatorische Regelungen zu lösen: Der Entscheidungsprozeß wird intern weiter ausdifferenziert und transparenter gestaltet; „Umweltprobleme" der Großorganisation Verwaltung, insbesondere mit der staatlichen Exekutivleitung wie mit dem Klientel, werden zu organisationsinternen Problemen gemacht und dort offen, in Alternativen diskutiert; die interne Ausdifferenzierung in verschiedenen Mitwirkungsgremien etc. macht es möglich, interne Kontrollgremien zu installieren,

---

[73] Vgl. dazu: Blinkert, Berufskrisen in der Sozialarbeit, 1977, S. 48 ff.

[74] Vgl. II Anm. 65; Teubner (II Anm. 44), S. 221 ff., dort auch zum Zusammenhang von externer und interner Kontrolle.

Konflikte transparenter und damit auch von außen steuer- und beein-
flußbar zu machen; das fachliche Wissen wie auch die fachlichen, arbeits-
platzbezogenen Interessen der Bediensteten bekommen innerhalb der
bürokratischen Organisation ein größeres Gewicht und machen die verschiedenen fachlichen, pluralistischen Interessengegensätze wie auch
erheblichen Spielräume bei der Interpretation der vorgegebenen Ziele
und ihrer Verwirklichung transparenter und klarer entscheidbar[75]. Damit wird zugleich ein allgemeines Ziel demokratischer und staatlicher
Organisationsprinzipien erreicht: Höhere Rechtsklarheit und Rechts-
sicherheit durch stärkere Rationalität des Rechtserzeugungs- und An-
wendungsprozesses[76]. Ob die Mitwirkung von Bediensteten diese Funktionen tatsächlich erfüllt, wäre anhand der bisherigen Modelle kritisch
zu untersuchen. Eher würde diese Funktion dadurch gefördert, daß die
Mitwirkung der Bediensteten mit Formen und Institutionen externer
parlamentarischer Kontrolle verbunden würde, wie dies in den Verwal-
tungsausschüssen der Gemeinden bzw. den Aufsichts- und Leitungsorganen einiger selbständiger Verwaltungseinheiten der Fall ist. Damit
ist das Defizit in der Steuerung des Verwaltungshandelns nicht allgemein beseitigt. Weitere ergänzende Legitimations- und Kontrollver-
fahren erscheinen notwendig, die an den Arbeitsbedingungen der Bediensteten und dem Verwaltungsablauf (z. B. technische Steuerungs-
verfahren durch EDV) oder an der Qualifikation und Motivation des
Personals (Ausbildung, Anreizsysteme) anknüpfen, die hier aber nicht
weiter diskutiert werden können[77].

---

[75] Hierzu und allgemein unter Verarbeitung betriebs-, industrie- und ver-
bandssoziologischer Untersuchungen Naschold (I Anm. 29), S. 62 ff.

[76] Vgl. K. Hesse, Grundzüge des Verfassungsrechts der Bundesrepublik
Deutschland, 12. Aufl. 1980, S. 57, 78; Rinken (II Anm. 72), S. 46 ff m. w. N.

[77] Zu ihnen die Übersicht bei Lenk (II Anm. 72) und einige Vorschläge bei
Würtenberger (I Anm. 3), S. 569 ff.

III. Verfassungsrechtliche Grenzen und
Anforderungen an die fachlich-direktive Mitwirkung
öffentlich Bediensteter

Im Schrifttum sind die verfassungsrechtlichen Bedenken gegenüber einer Mitbestimmung der Bediensteten im öffentlichen Dienst zahlreich und ausführlich, insbesondere im Zusammenhang mit der Erweiterung der Mitbestimmung nach den Personalvertretungsgesetzen[1] sowie der Einführung paritätischer Mitbestimmungsmodelle in den Eigenbetrieben und wirtschaftlichen Unternehmungen der öffentlichen Hand[2] diskutiert worden. Bei beiden Problembereichen ging es darum, wie weit sich das zwingende Entscheidungsrecht (Einigungsstellenverfahren nach dem PersVG) bzw. die paritätische Mitentscheidung auf grundlegende, verfassungsrechtlich abgesicherte Strukturprinzipien der öffentlichen Verwaltung auswirken können.

1. Demokratieprinzip

Wesentliche Barriere für eine Mitbestimmung im öffentlichen Dienst soll nach weitverbreiteter Ansicht[3] das *Demokratieprinzip* (Art. 20, 28 GG) sein. Dabei liegt das Schwergewicht der Bedenken — entsprechend dem Schwergewicht der Verfassung[4] — bei dem Prinzip der parlamen-

---

[1] Däubler, Weniger Mitbestimmung im öffentlichen Dienst, AuR 1973, S. 233 ff. sowie Stein, Der verfassungsrechtliche Spielraum für eine Reform des Personalvertretungsrechts, AuR 1973, S. 225 ff. m. w. N.

[2] Püttner (I Anm. 1), S. 49 ff., 60 ff.; Biedenkopf / Säcker (II Anm. 1), S. 233 ff., 243; Feindt (II Anm. 3), S. 366/7; Obermayer, Verfassungsrechtliche Probleme der direktiven paritätischen Mitbestimmung in kommunalen Aktiengesellschaften der Leistungsverwaltung, RiA 1973, S. 81 ff.

[3] Vgl. Leisner (II Anm. 1), S. 44 m. w. N.; Minde, Mitbestimmen und Mitverantworten, in: Ellwein u. a. (Hrsg.) (II Anm. 62), S. 43 ff.; Ritter (II Anm. 1), S. 107 ff.; H.-P. Schneider, Wirtschaftliche Mitbestimmung im öffentlichen Unternehmen, DÖV 1972, S. 603 f.; Schmitt Glaeser (I Anm. 1), S. 154 ff.; Kommissionsbericht (II Anm. 12), S. 175 f., Ziff. 360 f.; Würtenberger (I Anm. 3), S. 568/9; Scholz (I Anm. 1), S. 302 f.; Lecheler, Personalgewalt als Grenze der Mitbestimmung, PersV 1981, S. 1 ff., 3 f.; Obermayer, ebd.; Schick, Verfassungsrechtliche Grenzen einer Reform des öffentlichen Dienstrechts, in: Forsthoff u. a., Verfassungsrechtliche Grenzen einer Reform des öffentlichen Dienstrechts 1973, S. 264 ff.; Thieme, ebd., S. 408 ff. (sehr eingeschränkt); Ule, ebd., S. 543 ff.

[4] Hierzu vgl. Stein, Staatsrecht, 7. Aufl. 1980, § 3; Oppermann (II Anm. 23),

tarischen Demokratie (Art. 20 Abs. 2, 28 Abs. 1, 63 ff. GG). Aus dem
Prinzip der parlamentarischen Demokratie folgt, daß die Ausübung
staatlicher Befugnisse durch staatliche Organe über das Parlament vom
Volk her legitimiert werden muß. Dies geschieht *personell-organisatorisch* dadurch, daß, entsprechend der Wahlfunktion des Parlaments,
jeder Inhaber eines staatlichen Amtes zumindest über eine Legitimationskette vom Parlament her mit seinem Amt betraut sein muß, und
daß *sachlich-inhaltlich*, entsprechend der Gesetzgebungs- und Kontrollfunktion des Parlaments, die Ausübung von Staatsgewalt gegenüber
dem Parlament verantwortet und von ihm kontrolliert werden muß[5].
Zu dieser sachlich-inhaltlichen demokratischen Legitimation gehört einmal die Bindung an das (Parlaments-)Gesetz, zum anderen der maßgebliche Einfluß des parlamentarisch verantwortlichen Ministers.

Im Grundgesetz wie in den Länderverfassungen ist das Prinzip der
parlamentarischen Legitimation nicht vorrangig oder gar ausschließlich
durch einen dieser Legitimationsmodi, sondern durch ihr sehr differen-
ziertes, vielschichtiges Zusammenspiel verwirklicht. Es ist deshalb nicht
Inhalt des Prinzips der parlamentarischen Demokratie, alle diese Legi-
timationsmodalitäten in gleicher Intensität zu verwirklichen; vielmehr
hängen und wirken sie miteinander zusammen, um eine demokratische
Legitimität zu gewährleisten[6]: Je geringer die sachlich-inhaltliche Be-
einflussung durch das Parlament ist, weil es an einer ausreichenden
Gesetzesbindung (a) fehlt, um so wesentlicher ist es, diese inhaltliche
Bindung auf andere Weise, etwa organisatorisch-personell über die
Auswahl des Amtswalters durch das Parlament oder den parlamentarisch verantwortlichen Minister (b) oder sachlich-inhaltlich über ministe-

---

S. 7 ff.; M. Kriele, Das demokratische Prinzip im Grundgesetz, VVDStRL
Bd. 29 (1971), S. 46 ff., 43 ff.; Stern, Das Staatsrecht der Bundesrepublik
Deutschland, Bd. 1, 1977, S. 447 ff., 739 ff.; Maunz / Dürig / Herzog / Scholz, GG
Art. 62 Rdnr. 61 ff., alle m. w. N.; Zeidler, Der Standort der Verwaltung in
der Auseinandersetzung um das Demokratieprinzip, DVBl. 1973, S. 719 ff.;
E. Klein, Die verfassungsrechtliche Problematik des ministerialfreien Raumes,
1974, S. 21 ff. Zur Rechtsprechung des BVerfG: Rauschning, Das parlamen-
tarische Regierungssystem des GG in der Rechtsprechung des BVerfG, in:
Christian Starck (Hrsg.), Bundesverfassungsgericht und Grundgesetz, Bd. 2,
1976, S. 214 ff. (218 ff.). Das Bundesverfassungsgericht hat es im Urteil zum
Bremer Personalvertretungsgesetz (E 9, 268 ff.) stärker auf den Gewalten-
teilungsgrundsatz und das Rechtsstaatsprinzip abgestellt, inhaltlich aber
Argumente aus dem Demokratieprinzip verwandt. Vgl. insoweit die Kritik
von Vogel, MDR 1959, S. 894 ff.; Partsch, JZ 1960, S. 23 f. sowie Rauschning,
ebd., S. 226/7.

[5] Vgl. Böckenförde, Verfassungsfragen der Richterwahl, 1974, S. 73 ff.
m. w. N.; Herzog, Allgemeine Staatslehre, 1971, S. 208 ff. Zu den Funktionen
des Parlaments: Stein (III Anm. 4), S. 51 ff.; H. P. Schneider (II Anm. 23),
S. 16 und E. Klein (III Anm. 4), S. 21 ff., alle m. w. N.

[6] Böckenförde (III Anm. 5), S. 79/80; Kriele (III Anm. 4), S. 64; Badura, in:
VVDStRL 29, 1971, S. 95.

rielle Weisungs- oder Einflußrechte (c) herzustellen, wobei es auch hier jeweils erhebliche Variationsmöglichkeiten gibt.

a) Gesetzesbindung der Verwaltung

Der sachlich-inhaltliche Vorrang des Parlaments über die *Bindung der Verwaltung an das Gesetz* (Art. 20 Abs. 3 GG) ist bei der fachlich-direktiven Mitwirkung gewahrt. Als Teil der Verwaltung sind die mitwirkenden Amtswalter und die mitbestimmten Organe, wie die gesamte Verwaltung auch, auf die Einhaltung der Gesetze verpflichtet. Daß diese Gesetzesbindung eingehalten wird, muß institutionell und verfahrensrechtlich durch eine Rechtsaufsicht gewährleistet sein, wie sie etwa in traditioneller Weise im Gemeinderecht entwickelt worden ist und wie sie gegenüber allen verselbständigten Verwaltungseinheiten eingesetzt werden kann[7]. Das heißt zum Beispiel, daß die Verwaltungsspitze Gesetzesverstöße der mitbestimmten Organe monieren und die notwendigen Entscheidungen im Konfliktfall selbst fällen können muß.

Dort, wo die Aufgaben weitgehend gesetzlich programmiert sind und die Verwaltung auf die „reine Gesetzesanwendung" beschränkt ist, wäre weder eine Partizipation der Bürger noch eine Mitwirkung der Bediensteten notwendig[8]. Dies dürfte noch am ehesten für die klassische Hoheitsverwaltung zutreffen. Aber auch dort bestehen, wie oben (II) gezeigt wurde, unabhängig vom Grad der gesetzlichen Programmierung z. B. im verwaltungsinternen Bereich der organisatorischen Vorbereitung des Gesetzesvollzugs wie auch im Gesetzesvollzug selbst, noch erhebliche Spielräume; insoweit kann die Mitwirkung der Bediensteten eine ergänzende Kontrollfunktion haben, soweit dem nicht weitere verfassungsrechtliche Argumente entgegenstehen.

b) Personell-organisatorische Legitimation der Verwaltung

Insbesondere dann, wenn die staatliche Entscheidung nicht hinreichend inhaltlich durch das Parlamentsgesetz determiniert und deshalb nicht entsprechend intensiv auf ihre Gesetzmäßigkeit hin kontrolliert werden kann, muß die Entscheidung *personell-organisatorisch* durch das Parlament legitimiert sein. Dies ist schon dann gewährleistet, wenn zumindest die Mehrheit eines kollegialen Entscheidungsgremiums ihr

---

[7] Vgl. Wolff / Bachof, Verwaltungsrecht, Bd. 2, 4. Aufl. 1976, § 77 II c 2, 86 IX. Das Kontrollproblem muß allerdings differenzierter gesehen werden und auch Elemente einer allgemeineren politischen Verwaltungskontrolle einbeziehen. Dazu Schuppert (I Anm. 30), S. 350 ff.

[8] Schmitt Glaeser (I Anm. 25), S. 200 ff., 212 ff.; Walter, ebd., S. 147 ff., 156 f.; Zacher, ebd., 276/7; Kisker (I Anm. 30), S. 520 ff., 523/4.

Mandat durch eine Legitimationskette vom Parlament erhalten hat und sich im Konfliktfall gegen die nicht durch das Parlament bzw. die Minister legitimierten Mitglieder durchzusetzen vermag[9]. Nur dadurch läßt sich auch das Verfahren, in die Staats- und Gemeindeverwaltung vielfältige Elemente ehrenamtlich-bürgerlicher Mitentscheidung und Verwaltung zu integrieren, mit dem Prinzip der parlamentarischen Demokratie vereinbaren. Diese Anforderung einer Dominanz parlamentarisch legitimierter Entscheidungsträger aber wäre noch erfüllt, wenn die Gremien und Organe fachlich-direktiver Mitwirkung bis knapp unter die Hälfte mit Bedienstetenvertretern besetzt wären.

Dagegen stellen einige Autoren[10] an die personelle Zusammensetzung relativ autonomer Entscheidungsorgane der Verwaltung höhere Anforderungen, indem sie schon die Möglichkeit, daß nicht direkt parlamentarisch legitimierte Vertreter, wie die Belegschaftsvertreter, ihr Stimmgewicht entscheidend einzusetzen vermögen, ausschließen wollen. Diese Autoren stimmen deshalb einer Beteiligung von Bedienstetenvertretern an Entscheidungsorganen nur zu, wenn sie erheblich unter der Parität bleibt.

Gegen diese Ansicht spricht, daß sie zu undifferenziert ist und zu sachlich nicht gerechtfertigten Konsequenzen führen kann. Soweit dieser Meinung die These zugrunde liegt, daß sich der Wille der parlamentarisch legitimierten Vertreter ohne Modifikationen durchsetzen muß, führt dies in letzter Konsequenz zum Ausschluß jeglicher Mitentscheidung von nichtdemokratisch-parlamentarisch legitimierten Mitgliedern in Entscheidungsgremien. Denn es ist nie zu vermeiden, daß sich die parlamentarisch legitimierten Mitglieder in (fast) gleich starke Fraktionen spalten und damit schon eine (oder wenige) Stimme(n) nicht-parlamentarisch legitimierter Vertreter den Ausschlag geben kann, die Mehrheit der parlamentarisch legitimierten Vertreter sich also nicht durchzusetzen vermag. Damit würde die Integration externer Vertreter in Entscheidungsgremien der öffentlichen Verwaltung generell unmöglich gemacht, was nicht nur der historischen Tradition, sondern auch verwaltungspraktischen Bedürfnissen widerspricht und schließlich unter anderen Aspekten des Demokratieprinzips bedenklich ist. So wäre auch die Beteiligung zahlreicher nichtparlamentarisch legitimierter Vertreter im Richterwahlausschuß nach §§ 10 f. Hamburger Richtergesetz vom 15. 6. 1964 verfassungsrechtlich problematisch, obwohl sie vom Bundesverfassungsgericht für unbedenklich erklärt worden ist[11] und die ver-

---

[9] Vgl. Böckenförde (III Anm. 5), S. 74 ff. m. w. N. und unter Hinweis auf BVerfGE 24, S. 268 ff.

[10] Vgl. Leisner (II Anm. 1), S. 40/41, 57/58; Püttner (I Anm. 1), S. 57/8; Scholz (III Anm. 3).

[11] Dazu BVerfGE 24, 248 ff. und Böckenförde (III Anm. 5), S. 76. Erst recht

fassungsrechtliche Anerkennung dieser Institution (Art. 95 Abs. 2, 98 Abs. 4 GG) eine solche Zusammensetzung allein kaum rechtfertigen kann. Ähnliches hätte für zahlreiche andere entscheidende, pluralistisch zusammengesetzte und legitimierte Ausschüsse zu gelten, die oft bis zur Hälfte oder sogar noch stärker mit direkt von nichtstaatlichen Organisationen entsandten Vertretern besetzt sind[12].

Lehnt man deshalb die These, eine Modifikation des Mehrheitswillens parlamentarisch legitimierter Vertreter in Entscheidungsgremien sei unzulässig, ab, bleibt als einzig präzise angebbare Grenze jenes oben entwickelte Kriterium, daß die parlamentarisch legitimierten Vertreter die Mehrheit im jeweiligen Entscheidungsgremium haben müssen und dadurch gemeinsam ihren Willen jederzeit durchsetzen können. Speziellere Anforderungen an die Relationen zwischen verschieden legitimierten Vertretern in Entscheidungsgremien der öffentlichen Verwaltung ließen sich allenfalls bereichsspezifisch entwickeln[13], wobei u. a. das Ausmaß der inhaltlichen gesetzlichen Programmierung der Verwaltung, die Eigenart der Aufgabe und die Notwendigkeit, externe Vertreter und Bedienstete aus Effektivitätsgründen zu beteiligen, eine Rolle spielen dürften.

c) Ministerielle Einzelweisungsbefugnis

Oben wurde hervorgehoben, daß im System der parlamentarischen Demokratie die Vorrangstellung des Parlaments und die parlamentarische Legitimation der Verwaltung durch verschiedene, miteinander zusammenhängende Elemente, die einander ersetzen und ergänzen, realisiert wird. Im Gegensatz dazu wird in der Literatur[14] der *parlamen-*

---

hat das für andere Regelungen der Richterwahlausschüsse etwa in Schleswig-Holstein und Baden-Württemberg zu gelten; dazu Böckenförde, S. 82 f.

[12] Vgl. Jugendwohlfahrtsausschuß gem. § 14 JWG; Prüfungsausschüsse für Wehrdienstverweigerer gem. § 26 Abs. 3 WPflG; Musterungsausschüsse gem. § 18, 19 Abs. 2 WPflG; sowie jene Ausschüsse, bei denen die politische Spitze zwar ein Berufungsrecht hat, jedoch an den Vorschlag nichtstaatlicher Stellen gebunden ist: Hauptausschuß für Mindestarbeitsbedingungen gem. § 2 MAGB; Bundespersonalausschuß gem. § 96 BBG; Bundesprüfstelle gem. § 9 GjS; sowie zahlreiche Prüfungsausschüsse für staatliche Prüfungen wie etwa gem. § 5 Beschäftigungs- und Arbeitstherapeutengesetz sowie § 3 der Prüfungsordnung dazu, § 13 Krankenpflegegesetz und § 4 der Prüfungsordnung dazu.

[13] So haben z. B. Hoffmann-Riem (I Am. 23), S. 83 ff. und Bethge (I Anm. 22), S. 50 ff. Bedenken gegen die Beteiligung von Belegschaftsvertretern in Entscheidungsorganen des Rundfunks, speziell dem Rundfunkrat. Diese Ansicht argumentiert bereichsspezifisch und kann dabei auf das Erfordernis, daß gesellschaftlich-pluralistisch zusammengesetzte Rundfunkorgane Einfluß auf das Programm nehmen können, verweisen (s. u. III, 5, b).

[14] So speziell als Bedenken gegen die Mitbestimmung im öffentlichen Dienst vgl. hierzu Bremer Staatsgerichtshof, NJW 1974, S. 2223 f., 2230 f.; Leisner (II Anm. 1), S. 45 f.; Schick und Ule (III Anm. 3); Zeidler (III Anm. 4), S. 720; Püttner (I Anm. 1), S. 66; E. Klein (III Anm. 4), S. 21 ff., 43 ff.; Feindt (II Anm. 2), S. 366/7; erheblich abgemildert z. B. Dagtoglou, Der Private in

tarischen Verantwortlichkeit der Regierung eine besondere Bedeutung beigemessen; ihre Verantwortlichkeit sei nur gewährleistet, wenn den Ministern eine *inhaltliche Lenkungs- und Einzelweisungsbefugnis*[15] gegenüber der Verwaltung zustehe. Das wiederum erfordere einen durchgehend hierarchisch-bürokratischen Verwaltungsaufbau. Diese Ansicht verweist dabei auch auf die Entscheidung des Bundesverfassungsgerichts zum Bremer Personalvertretungsgesetz von 1957[16], wonach aus dem Prinzip der parlamentarischen Demokratie folge, daß das volle ministerielle Letztentscheidungsrecht bei allen Angelegenheiten der Verwaltung von „politischer Tragweite" gewährleistet sein müsse.

Die fachlich-direktive Mitwirkung durchbricht oder modifiziert nun dieses Lenkungs- und Letztentscheidungsrecht der ministeriellen Verwaltungsspitze. So drängt die Mitwirkung der Bediensteten in Organen verselbständigter Verwaltungseinheiten, die keiner Weisungsbefugnis des Ministers unterliegen, das Gewicht der von der politischen Verwaltungsspitze ernannten Mitglieder zurück. Auch kann die Mitwirkung der Bediensteten die Entscheidungsbefugnis der politischen Verwaltungsspitze und der von ihr legitimierten leitenden Amtsträger

---

der Verwaltung als Fachmann und Interessenvertreter, 1974, S. 149 ff. sowie ders., Die verfassungspolitische Problematik einer Reform des öffentlichen Dienstes, in: Studienkommission für die Reform des öffentlichen Dienstrechts, Bd. 6, 1973, S. 15 ff. (38 f.); a. A. Ellwein (II Anm. 62), S. 21 f.; Damkowski (II Anm. 2), S. 21 ff.; sowie auch prinzipiell bei: C. P. Fichtmüller, Zulässigkeit ministerialfreien Raums in der Bundesverwaltung, AöR, 1966, S. 297 ff., S. 328 ff. sowie Eckhard Klein (III Anm. 4), S. 38 ff., beide m. w. N. Intensiv ist dieses Problem im Streit um die Verfassungsmäßigkeit der geplanten „ministerialfreien" Konstruktion der APA der Juristenausbildung in Bremen diskutiert worden. Vgl. die dazu ergangenen Stellungnahmen, in: Anhang zum Plenarprotokoll Nr. 32 der Bremischen Bürgerschaft vom 7. 6. 1973, S. 1757 ff. sowie die nichtveröffentlichten Gutachten von P. Schneider / M. Klein, E Stein, R. Hoffmann, von Campenhausen, Rupp und Rinken. Die Stellungnahmen von Schneider, Klein, Stein, Rupp, Campenhausen und Rinken gehen alle von einer sehr differenzierten Erörterung des Problems ministerieller Weisungsbefugnis aus und setzen sie in Verbindung mit sonstigen Leitungs- und Steuerungsinstrumenten der Exekutivspitze. Vgl. auch Schuppert (I Anm. 30), S. 350 ff.

[15] Es handelt sich hierbei nur um die Weisung, die die Durchführung der Aufgabe betrifft, nicht um Weisungen, die den Personaleinsatz regeln. Zu diesen Differenzierungen vgl. Lecheler, Die Personengewalt öffentlicher Dienstherren, 1977, S. 125 ff.

[16] Vom 27. 4. 1959, BVerfGE 9, S. 268 ff. Bekräftigt in BVerfGE 22, S. 106 ff., 113 f. (die mit weisungsunabhängigen Mitgliedern besetzten Steuerausschüsse nach § 23 ff. FVG und § 263 Abs. 1 AO in d. F. 1950 waren verfassungsgemäß, da sie nur über Einsprüche gegen Steuerbescheide entscheiden konnten) und in BVerfGE 28, S. 66 ff., 83 f. (die unabhängige Stellung des mit weisungsfreien Mitgliedern besetzten Verwaltungsrats der Bundespost ist verfassungsgemäß, da der Bundespostminister gegen Beschlüsse des Verwaltungsrats die Letztentscheidung der Bundesregierung herbeiführen kann. Unter Verweis auf BVerfGE 9, S. 268 ff. und sehr apodiktisch: BVerwGE 46, S. 55 ff. (57); dazu E. Klein, JuS 1974, S. 362 ff.

beseitigen (z. B. Entscheidungen der Schulkonferenzen, der Leitungsgremien des Theaters, der Krankenhäuser etc.) oder zumindest dadurch
modifizieren, daß zwingend mit den Mitwirkungsgremien kooperiert
werden muß (Mitwirkung bei der Schulleiterwahl, der Wahl des Intendanten, der Krankenhausleitung etc.).

Unter rechtlichen (aa, bb) und tatsächlichen (cc) Aspekten bestehen
aber prinzipielle Einwände gegen eine absolute Bedeutung des Prinzips
der Ministerverantwortlichkeit (aa) wie gegen die Möglichkeit, aus ihm
zwingend das Modell der hierarchisch-bürokratischen Verwaltungsorganisation und der lückenlosen Weisungsbefugnis des Ministers (bb) abzuleiten und es rigide und inflexibel auf die Mitbestimmung im öffentlichen Dienst anzuwenden.

aa) Verfassungshistorisch ist die Ministerverantwortlichkeit nur eines
der Mittel zur Demokratisierung der Verwaltung gewesen und hängen
bürokratisches Hierarchieprinzip der Verwaltung und Demokratieprinzip nicht zusammen. Der bürokratisch-hierarchische Aufbau der
Verwaltung hatte sich verfassungsgeschichtlich schon gegen Ende der
absoluten Monarchie in den großen mitteleuropäischen Staaten herausgebildet und weitgehend von der politischen Struktur der Staaten
emanzipiert. Als das Bürgertum die Staatsform allmählich demokratisch
umgestaltete, vermochte es nicht, die überkommenen Strukturen der
Staatsbürokratie und der öffentlichen Verwaltung aufzulösen[17]. Um
diese Verwaltung zu „demokratisieren", d. h. sie zum Instrument der
Interessen der Bürger zu machen und die gesellschaftlichen Entwick-
lungsprozesse vor unerwünschten Eingriffen der Bürokratie zu schützen,
wurde neben der parlamentarischen Verantwortung der Minister eine
Demokratisierung der Verwaltung vor allem auf dreierlei Wegen durchgesetzt[18]: einerseits durch das Eindringen bürgerlicher Vertreter in den
Beamtenapparat und die interne rechtsstaatliche Organisation des Appa-

---

[17] Vgl. Heffter, Die deutsche Selbstverwaltung im 19. Jahrhundert, 2. Aufl.
1969, S. 63 f., 117 f.; Knemeyer, Regierungs- und Verwaltungsreform in
Deutschland zu Beginn des 19. Jahrhunderts, 1970, S. 290 ff.; Kosellek, Preußen — zwischen Reform und Revolution, 2. Aufl. 1975, S. 217—283; Ellwein /
Zoll, Berufsbeamtentum — Anspruch und Wirklichkeit, 1973, S. 22 ff.; Bieback, Die öffentliche Körperschaft, 1976, S. 62 ff., 74 ff.; Hattenhauer, Geschichte des Beamtentums, 1979, S. 161 ff.; H. Rosenberg, Bureaucracy,
Aristocracy and Autocracy: The Prussian Experience 1660—1815, Cambridge,
Mass. 1958. Grundlegend die historische Fundierung der Analyse bei M. Weber, Wirtschaft und Gesellschaft 1956, Bd. 2, S. 703 ff.
[18] E. Kehr, Zur Genesis der preußischen Bürokratie und des Rechtsstaates,
in: Moderne deutsche Sozialgeschichte, Hrsg. H. v. Wehler, 1970, S. 37 ff.;
U. K. Preuß, Nachträge zur Theorie des Rechtsstaates, KJ 1971, S. 16 ff.
(m. w. N. S. 19 f.); Kosellek (III Anm. 17), S. 163 ff.; H. Rosenberg, Die Über-
windung der monarchischen Autokratie (Preußen), in: „Der aufgeklärte Ab-
solutismus", 1974, S. 182 ff. Vor allem konzentrierte man sich auf eine Kritik
der „Bürokratie", vgl. Hattenhauer (III Anm. 17), S. 205 ff.; Bieback (III
Anm. 17), S. 286 ff.

rats; zweitens durch eine strikte Bindung der Verwaltung an das Parlamentsgesetz einschließlich des Haushalts und die gerichtliche Kontrolle
dieser Bindung; drittens durch die Zurückdrängung der klassischen
bürokratisch-hierarchischen Verwaltung durch Elemente ehrenamtlicher,
bürgerlicher Mit- und Selbstverwaltung.

Alle diese Institutionen haben Eingang in das geltende Verfassungsrecht des Bundes und der Länder gefunden. Insbesondere wird die
politische Verantwortung der Regierung und Verwaltungsspitze nicht
nur durch die Ministerverantwortlichkeit gewährleistet, sondern im
gleichen Maße durch die Bindung an das Gesetz (Art. 20 Abs. 3 GG), das
Budgetrecht des Parlaments (Art. 100 ff. GG), wie spezieller auch durch
Untersuchungsausschüsse (Art. 44 GG), Entschließungen, Anfragen etc.
des Parlaments sowie die Möglichkeit, Parlamentsvertreter in die Aufsichtsgremien oder Organe der Verwaltung zu entsenden[19].

Diese relative Bedeutung der Ministerverantwortlichkeit für das
Demokratieprinzip und für das Prinzip der parlamentarischen Demokratie kommt auch darin zum Ausdruck, daß das Grundgesetz die
Ministerverantwortlichkeit kaum[20] und die Verantwortlichkeit des Bundeskanzlers nur sehr ineffektiv realisiert hat, da zugunsten einer Stabi-
lität der Regierungsgewalt die Abwahl des Bundeskanzlers erheblich
erschwert worden ist (Art. 67 GG). So hat das Bundesverfassungsgericht
den Ländern im Rahmen des Art. 28 GG erhebliche Spielräume bei der
Verwirklichung des Prinzips der Abhängigkeit der Regierung vom
Parlament zugestanden[21], wie sogar generell in der Literatur unter Hinweis auf Text und Entstehungsgeschichte des Grundgesetzes zu Recht
hervorgehoben wird, daß Art. 28 GG für die Länder das Prinzip der
parlamentarischen Demokratie nicht ausdrücklich zwingend vorschreibe[22]
und dies Prinzip nicht zum verfassungsfesten Grundbestand des Art. 79
Abs. 3 GG gehöre[23].

Eine immanente Begrenzung des Prinzips der Ministerverantwortlichkeit und der ministeriellen Einzelweisungsbefugnis folgt auch aus den

---

[19] Vgl. dazu ausdrücklich BVerfGE 45, S. 1 ff.

[20] Zur Verantwortlichkeit des Ministers direkt gegenüber dem Parlament
und den Instrumenten, die Verantwortlichkeit geltend zu machen, vgl. Stern,
Das Staatsrecht der Bundesrepublik Deutschland, Bd. II, 1980, S. 322 ff.;
K. Kröger, Die Ministerverantwortlichkeit in der Verfassungsordnung der
Bundesrepublik Deutschland, 1972. Thieme, Politische Verantwortung in
Regierung und Verwaltung, ZBR 1980, S. 101 f.

[21] BVerfGE 9, S. 268 ff., 281: Mißtrauensvotum nicht zwingend vorgeschrie-
ben; E 27, 44 ff. (55 f.): Unabhängigkeit der Amtsdauer der Regierung von
der des Parlaments möglich.

[22] Partsch, JZ 1960, S. 23 f., Kritik an BVerfGE 9, S. 268 ff.; ebenso Rauschning (III Anm. 4), S. 224.

[23] Maunz / Dürig / Herzog / Scholz, Grundgesetz, Art. 79 Rdnr. 47.

funktionellen Schranken der Regierungsgewalt und den Bedingungen
ihrer Eigenständigkeit. Nur wenn sich die parlamentarische Verantwortung der Regierung und die parlamentarische Kontrolle der Verwaltung
allein auf die grundsätzlichen inhaltlichen Vorgaben und die wichtigsten
politischen Entscheidungen beschränken und die Verwaltungsroutine
nicht erfassen, kann jene Eigenständigkeit der Regierung und der
politischen Verwaltungsführung gewahrt bleiben, die ihr als selbständige Staatsgewalt nach dem Prinzip der Gewaltenteilung (Art. 20 Abs. 3
GG) zukommt[24]. So hat das Bundesverfassungsgericht[25] auch nur verlangt, daß die Angelegenheiten von „politischer Tragweite" der Mini-
sterverantwotrlichkeit und damit dem politischen Zugriffsrecht des Parlaments, unterliegen müßten. Allerdings ist hierzu zu bemerken, daß
damit keine absolute, auch vom Gesetzgeber nicht überschreitbare
Grenze für Eingriffe in die Ministerverantwortlichkeit bezeichnet werden kann. Denn einmal ist der Begriff „politische Tragweite" extrem
vage, er läßt deshalb dem Gesetzgeber einen erheblichen Spielraum
und kann nur im Einzelfall konkretisiert werden. Zudem gibt es —
ganz gleich was man unter „politischer Tragweite" versteht — im
Grundgesetz wichtige Institutionen, wie die Bundesbank oder die Einrichtungen der Sozialversicherungen und der Arbeitsmarktpolitik (Art.
87/88 GG), die in traditioneller, schon vor dem Grundgesetz anerkann-
ter Weise der Verantwortlichkeit der Minister entzogen sind, obwohl
die „politische Tragweite" ihrer Aufgabenerledigung unbestritten sein
dürfte[26].

bb) Des weiteren ist gegen diese Ansicht einzuwenden, daß sie die
Ministerverantwortlichkeit rein abstrahierend und isolierend nur durch
ein Kriterium, nämlich die Einzelweisungsbefugnis, definiert, obwohl
die Leitungsbefugnisse der Exekutivspitze in der Verfassung durch vielfältige Instrumente sachlicher und personeller Einflußnahme gekennzeichnet werden[27] (Art. 84, 85, 86, 108 Abs. 7, 113, 114 GG: Regelung der

---

[24] Vgl. Steinberg (II Anm. 15), S. 18 ff. m. w. N.

[25] Von politischer Tragweite sollen einmal die personellen Angelegenheiten
der Beamten (BVerfGE 9, S. 268 ff., 282 f., ähnlich VerfGH NRW, OVGE 18,
S. 316 ff., 319) sowie die Ernennung der Richter (BVerfGE 18, S. 214 ff., 252 f.;
26, S. 186 ff., 192 f.; 27, S. 312 ff., 320 f.) sein. Diese Konkretisierung des Be-
griffs „Politische Bedeutung" wird kaum begründet und leitet sich stark aus
einer Überbewertung der Funktion der Beamten gegenüber der anderer
Arbeitnehmer des öffentlichen Dienstes ab. Vgl. die Kritik bei Stein (III
Anm. 1), S. 230/1 und Däubler (III Anm. 1), S. 237/8 sowie Damkowski (II
Anm. 2), S. 25/26; dem BVerfG stimmt zu: Klein (III Anm. 4), S. 213/4 m. w. N.

[26] Zu letztem Kritikpunkt vgl. v. Mangoldt / Klein, Das Bonner Grundgesetz, Bd. 3, 2. Aufl. 1974, S. 2089 ff. m. w. N.

[27] Vgl. Anm. 117 sowie BVerfGE 41, S. 334 ff., wo bei der Beurteilung der
parlamentarischen Legitimation der Mindestreservepolitik der Bundesbank
auf das Zusammenspiel der verschiedenen Elemente ministerieller Einfluß-
möglichkeit und parlamentarischer Bindungen abgestellt wird. Ähnlich umfangreich auch die Prüfung bei Kröger (III Anm. 20), S. 75 ff.

4*

Organisation der Behörden und des Verfahrens, allgemeine Weisungen, Personalhoheit, insbes. Regelung der Ausbildung und Qualifikationsanforderungen bis hin zur Einstellung der Beamten, Haushaltsdurchführung und Haushaltskontrolle; vgl. z. B. auch Art. 58, 77, 78 Abs. 3, Abs. 4, 85, 86 Verfassung NRW). Auch wenn das Bundesverfassungsgericht[28] dem ministeriellen Einzelweisungsrecht eine besondere Rolle eingeräumt hat, so hat es andererseits auch betont, daß wichtige Aufgaben nicht „generell" aus der Verantwortung der Regierung herausgenommen werden dürften — d. h., es müssen alle Elemente, über die sich die Regierungsverantwortung realisieren kann, untersucht werden. Noch dezidierter hat es das Bundesverwaltungsgericht[29] bei der Beurteilung der Mindestreservepolitik der Bundesbank auf das Zusammenspiel der verschiedenen Elemente ministerieller Einflußmöglichkeiten und parlamentarischer Bindungen abgestellt. Dementsprechend erwähnen das Grundgesetz und die Länderverfassungen die ministerielle Kompetenz gegenüber der Verwaltung nur als allgemeine Leitungsbefugnis, sei es allein bezogen auf das Verhältnis Minister — Ministerpräsident / Kanzler bzw. Kabinett[30] oder auch bezogen auf die Verwaltung selbst[31]. Nur die Verfassung Bremens bestimmt, daß die Verwaltung „nach Richtlinien und Weisungen des ... Senators ... geleitet" wird (Art. 127).

Deshalb bedarf es zumindest intensiverer verfassungsdogmatischer Begründung, weshalb das Einzelweisungsrecht des Ministers ein solch besonderes Gewicht haben sollte. Die Konzentration auf das Instrument der Einzelweisung mag mit einer unausgesprochenen Orientierung am traditionellen System der hierarchisch-bürokratischen Verwaltung zusammenhängen, dessen Realität und dessen verfassungsrechtliche Relevanz nicht stärker hinterfragt und belegt werden. Zumindest hat die Verwaltungs- und Organisationslehre[32] die Vielfalt der verschiedenen

---

[28] Siehe oben, III Anm. 14.

[29] BVerwGE 41, S. 334 ff. (354 ff.).

[30] Vgl. Art. 65 GG, 102 Hessische Verfassung, 55 Verfassung NRW, 105 Verfassung Rheinland-Pfalz, 93 Verfassung Saarland, 24 Verfassung Bayern.

[31] Vgl. Art. 69 Verfassung Baden-Württemberg: Verwaltung durch die Regierung und „die ihr unterstellten Behörden"; ähnlich Art. 43 Abs. 1 Verfassung Niedersachsen. Art. 51 Verfassung Berlin legt fest, daß die Regierung die Grundsätze und Richtlinien der Verwaltung bestimmt und die „Aufsicht" über die Ordnungsmäßigkeit und Gesetzmäßigkeit der Verwaltung ausübt. Gem. Art. 55 Verfassung Hamburg leiten die Senatoren die Verwaltung; gem. Art. 55 Verfassung Bayern ist die Staatsverwaltung der Regierung und dem Minister untergeordnet.

[32] Vgl. R. Mayntz (II Anm. 11), S. 73 ff., 94 ff.; Luhmann (II Anm. 64), S. 100; ebenso auch die zahlreiche Kritik an dem hierarchischen Bürokratiemodell oben, II Anm. 65, 66 und 67. Vgl. neuerdings Schuppert (I Anm. 30), S. 373 ff.; Damkowski, Für eine Verwaltungsreform mittlerer Reichweite, VerwArch 1981, S. 289 ff., 295 ff. m. w. N.

Steuerungsmittel, ganz in Entsprechung zu den oben angeführten zahlreichen Leitungsinstrumenten des Grundgesetzes, herausgearbeitet (Organisation, Verfahren, Personal, Programm) und ihre gegenseitige funktionale Ergänzung und Substituierbarkeit betont.

Bis auf bestimmte Beteiligungsformen bei der Bestellung des leitenden Beamten der jeweiligen Verwaltungseinheit, tangieren die Formen der fachlich-direktiven Mitwirkung der Bediensteten diese sonstigen Einwirkungs- und Leitungsrechte der politischen Verwaltungsspitze nicht.

Selbst wenn man aber von einer besonderen rechtlichen Bedeutung des ministeriellen Einzelweisungsrechts für die Struktur der Verwaltung im System der parlamentarischen Demokratie ausgeht, bleibt festzuhalten, daß auch dieses Einzelweisungsrecht in vielfältiger Weise rechtlich relativiert ist. Traditionell wird ein sogenannter *ministerialfreier Raum* anerkannt, gerade auch, um möglichst selbständige Formen ehrenamtlicher, bürgerlicher Mitwirkung sowie die Beteiligung unabhängiger Fachleute an der Verwaltung zu realisieren[33]. Dieser ministerialfreie Raum wird nach herrschender Meinung dadurch gekennzeichnet, daß der Minister hier kein Einzelweisungsrecht hat[34], während ihm bzw. dem Parlament andere Steuerungsmöglichkeiten verbleiben können (Auswahl des Personals sowie sonstige personalpolitische Einflußmöglichkeiten, allgemeine gesetzliche und verwaltungsinterne Programmierung und Rechtsaufsicht, Budgetrecht und Haushaltskontrolle und die sonstigen Kontrollbefugnisse des Parlaments). Die ministerialfreie Verwaltung reicht von der Bundesbank und der Bundesschuldenverwaltung, über das Bundeskartellamt, den Bundespersonalausschuß und die Sondervermögen des Bundes (Bundesbahn und Bundespost) bis hin zu den zahlreichen weisungsunabhängigen Ausschüssen in der Verwaltung (z. B. Jugendwohlfahrtsausschuß, diverse Prüfungsausschüsse) und zur körperschaftlichen Selbstverwaltung auf Bundes-, Landes- und Gemeindeebene[35].

Zu ihrer verfassungsrechtlichen Legitimation bieten sich mehrere Ansätze an[36]: die historische Tradition, die verfassungsrechtliche An-

---

[33] Zum ministerialfreien Raum: E. Klein (III Anm. 4), S. 73 ff. und 144 ff.; Fichtmüller (III Anm. 14). Grundsätzlich zu den vorhandenen Formen und Graden der Verselbständigung: F. Wagener, Typen der verselbständigten Erfüllung öffentlicher Aufgaben, ders. (Hrsg.), Verselbständigung von Verwaltungsträgern, 1976, S. 31 ff.; Hahn, Die Deutsche Bundesbank im Verfassungsrecht, BayVerwbl. 1982, S. 33 ff.

[34] Fichtmüller (III Anm. 14), S. 298/9; Klein (III Anm. 4), S. 58, 66.

[35] Klein (III Anm. 4), S. 73 ff.; Fichtmüller (III Anm. 14), S. 307 ff.; Vorbrugg, Unabhängige Organe der Bundesverwaltung, Diss. München 1965, S. 126—291; Schuppert (I Anm. 30), S. 6—71 sowie passim.

[36] Vgl. die Darstellung der verschiedenen Begründungen bei Klein (III

erkennung ministerialfreier Räume (Art. 28 Abs. 2, 5 Abs. 1 Satz 2, 5 Abs. 3, 86, 87, 88 GG i. V. m. den entsprechenden Bestimmungen der Landesverfassungen), die so zahlreich sind, daß sie auf ein grundsätzliches verfassungsrechtliches Prinzip hinweisen, und schließlich die Möglichkeit des Parlaments, auf bestimmte Kontroll- und Einwirkungsrechte aus sachlich und verfassungsrechtlich legitimierten Gründen zu verzichten. Darüber hinaus sind diese ministerialfreien Räume auch deshalb verfassungsrechtlich zulässig, weil ihnen gegenüber noch vielfältige Instrumente ministerieller wie parlamentarischer Leitung und Kontrolle vorhanden sind.

Es ist allerdings anerkannt, daß die Etablierung eines ministerialfreien Raums eine erhebliche Modifikation des Zugriffs, den das Parlament über den Minister auf die Verwaltung hat, sowie der politischen Eigenständigkeit der ministeriellen Spitze bedeutet und deshalb wegen ihrer verwaltungsorganisatorischen „Wesentlichkeit" durch formelles Gesetz erfolgen muß (institutioneller Gesetzesvorbehalt)[37]. Dieser Gedanke ist auch auf die Einführung von Formen fachlich-direktiver Mitwirkung zu übertragen: dort wo sie bisher schon gesetzlich normierte Formen der Mitbestimmung erweitern bzw. das traditionelle hierarchische Gefüge der Verwaltung in besonders intensivem Maße modifizieren (wie z. B. in der Schulverwaltung), bedarf ihre Einrichtung ebenfalls eines Gesetzes. Dies ist auch dort notwendig, wo die Mitwirkung der Beschäftigten sich auf Entscheidungen bezieht, die in die (Grund-) Rechte der Bürger eingreifen (demokratisch-rechtsstaatlicher Gesetzesvorbehalt). Dieses Gesetz schafft dann für die fachlich-direktive Mitwirkung noch eine zusätzliche parlamentarische Legitimation und kann deshalb die anderen Instrumente, die die fachlich-direktive Mitwirkung in das System der Verwaltung der parlamentarischen Demokratie integrieren, verstärken.

cc) Das Schwergewicht der Argumentation liegt jedoch nicht so sehr auf rechtlichen, als vielmehr auf empirisch-politischen Prämissen: um die ministerielle Verantwortung lückenlos zu gewährleisten, sei der

---

Anm. 4), S. 144 ff.; Fichtmüller (III Anm. 14), S. 317 ff.; Dagtoglou (III Anm. 14), S. 141 ff. Anderer Auffassung z. B. Leisner (I Anm. 1), S. 46 ff., der z. B. die Selbstverwaltung der Sozialversicherungsträger für verfassungsrechtlich unzulässig hält; ders., Gewaltenteilung innerhalb der Gewalten, Festgabe Maunz, 1971, S. 267 ff. Grundsätzlich kritisch schon zum verfassungsrechtl. Problemansatz der Theorie neuerdings Schuppert (I Anm. 30), S. 351 ff.

[37] Heute h. M. vgl. III Anm. 36. Grundsätzlich dürfte die einfache Einführung von Mitbestimmungsformen nicht dem Gesetzesvorbehalt unterliegen; vgl. Ipsen (Anm. 15, S. 114/5). Allg. vgl. Schmidt-Aßmann, Verwaltungsorganisation zwischen parlamentarischer Steuerung und exekutivischer Organisationsgewalt, Festschrift Ipsen, 1977, S. 333 ff., 348; Schnapp, Überlegungen zu einer Theorie des Organisationsrechts, AöR 1980, S. 243 ff., 269/70; Böckenförde, Gesetz und gesetzgebende Gewalt, 2. Aufl. 1981, S. 375 ff.

hierarchisch-bürokratische Verwaltungsaufbau notwendig. Damit ist
dieser Verwaltungsaufbau also eine tatsächliche, organisatorische Bedingung für die Verwirklichung des Rechtsprinzips der ministeriellen
Verantwortung[38]. Dieser letztlich weniger normative als eher empirisch-
politikwissenschaftliche Gehalt der These von der verfassungsrechtlichen Absicherung des Hierarchieprinzips ergibt sich auch daraus, daß
es darum geht, angesichts weniger normativer Vorgaben den unbe-
stimmten Rechtsbegriff der „Regierung"[39], und damit den Inhalt ihrer
Verantwortlichkeit für ihre Tätigkeit, zu konkretisieren. So ist es schon
vom sprachlichen Sinn und der rechtlichen Funktion von „Verantwortung" her geboten, die Funktionsbedingungen ministerieller Leitungsbefugnis zu analysieren, weil niemand für etwas „verantwortlich" sein
kann, von dem er nichts erfahren und was er tatsächlich nicht beeinflussen kann[40]. Auch die Verantwortlichkeit für Organisationsmängel
findet hier ihre Grenzen. Zudem sind hier nicht etwa relativ präzise
Normtexte auszulegen, sondern Strukturprinzipien zu analysieren; aus
ihnen lassen sich überhaupt nur spezielle normative Aussagen gewinnen, wenn das allgemeine Prinzip konkretisiert wird im Hinblick auf
den „Sachbereich" dieses rechtlichen Prinzips, die gesellschaftliche / politische Realität und ihre Funktionsweise, für die das Prinzip Aussagen treffen und regulative Kraft entfalten soll[41].

So ist oben allgemein für die Verwaltung (II, 4) und speziell für die
Verwaltung personaler Dienstleistungen (II, 3) gezeigt worden, wie
begrenzt die hierarchische Kontrolle und die Einzelweisung zu wirken
vermögen. Insbesondere gewinnt hier der oben (II, 4, a) dargelegte histo-
risch-genetische wie funktionale Zusammenhang zwischen der Steuerung durch das konditional programmierende Gesetz und den hierarchisch-bürokratischen Verwaltungsaufbau an Bedeutung. Gerade bei den
personalen Dienstleistungen der öffentlichen Verwaltung sind die kon-

---

[38] Klein (III Anm. 4), S. 40 deutet diese tatsächliche Problematik der Verantwortung des Ministers an, indem er Kenntnis von dem zu verantworten-
den Umständen verlangt; allerdings reflektiert Klein die organisatorischen
Bedingungen solcher Kenntnisnahme nicht weiter. Davon zu unterscheiden
ist, unter welchen Voraussetzungen das Parlament die Verantwortlichkeit
des Ministers einlösen kann. Hier genügt der Verlust des Vertrauens, vgl.
Thieme (III Anm. 20).

[39] Vgl. dazu Steinberg (I Anm. 4), S. 18 ff. m. w. N.

[40] Es geht also nicht um eine sogenannte normative Kraft des Faktischen
oder die Anpassung des Verfassungstextes an die Verfassungswirklichkeit
wie Damkowski (III Anm. 1), S. 22 meint. Vgl. auch J. Schwarze, Zum Nutzen
einer Systembildung für die Kontrolle der Staatsgewalt, DVBl. 1974, S. 893 ff.
(899).

[41] Vgl. F. Müller, Juristische Methodik, 2. Aufl. 1976, S. 120 f.; Hoffmann-
Riem, Rechtswissenschaft als Rechtsanwendungswissenschaft, in: ders. (Hrsg.),
Sozialwissenschaften im Studium des Rechts, Bd. 2, 1977, S. 5 ff.

ditionale Programmierung durch Gesetz wie überhaupt jede Formalisierung disfunktional und schwer realisierbar.

Angesichts dieser Legitimations- und Kontrolldefizite sowohl des Parlaments gegenüber der Verwaltung als auch der Verwaltungsspitze gegenüber der Verwaltungsorganisation zu fordern, diese Defizite dürften von verfassungswegen nur im Sinne einer Verstärkung der traditionellen Instrumente parlamentarischer und ministerieller Kontrolle behoben werden[42], ist nicht nur faktisch schwer realisierbar, sondern auch verfassungstheoretisch und verfassungsrechtlich nicht stringent. Denn grundsätzlich besteht hier kein genereller Verlust an Steuerungsmöglichkeiten. So zeigen schon die oben (I) dargestellten Formen der fachlich-amtsbezogenen Mitwirkung, daß auch ein weitgehender Verzicht auf Einzelweisungsbefugnisse im Rahmen der Delegation von Verantwortung oder der Teamarbeit etc. effektive Lenkungsmittel sind. Diese Praxis wie auch die allgemeinen Erkenntnisse der Organisations- und Verwaltungswissenschaften[43] bestätigen also, daß in komplexen Organisationen die Einzelweisungsbefugnis, der „Befehl", in der Regel keine hinreichende oder lediglich notwendige Bedingung für die Leitung der Verwaltung ist.

Vielmehr können die oben beschriebenen Formen fachlich-direktiver Mitwirkung auch dann als Steuerungselemente im Interesse des Parlaments eingesetzt werden, wenn Bedienstetenvertreter an solchen Aufsichts- und Entscheidungsorganen beteiligt werden, deren Mitglieder weitgehend von den Parlamenten bestimmt werden und die in die Verwaltungsorganisation integriert sind und kontinuierlich an der Entscheidungsvorbereitung und -findung partizipieren können. Zudem lassen sich daneben noch die Instrumente der allgemeinen Kontrolle durch das Parlament (Haushaltskontrolle, Anfrage, Untersuchungsausschüsse) und der Verwaltungsgerichte sowie der finalen Programmierung (durch gesetzliche und/oder ministerielle Zielvorgaben) und der Personalwirtschaft (Personalauslese und -beförderung, Fort- und Weiterbildung)[44] einsetzen. In diesem Fall kann man — bei aller gebotenen Vorsicht gegenüber normativen Aussagen über die optimalen Organisationsformen — wohl vertreten, daß der parlamentarische Einfluß und die ihm korrespondierende Verantwortung der politischen Verwaltungsspitze im gleichen Maße wie im traditionellen Muster hierarchisch-bürokratischer Verwaltungsorganisation gewahrt bleiben dürfte, wäh-

---

[42] So explizit Ritter (II Anm. 1); ähnlich Würtenberger (I Anm. 3), S. 568 f.

[43] Klages (II Anm. 66), S. 31 ff. sowie die generelle Kritik am Funktionsmodell der klassischen Bürokratie oben (III Anm. 32).

[44] Zur Steuerung der Verwaltung durch Maßnahmen der Personalwirtschaft vgl. Nocke (II Anm. 45), S. 57 ff., R. Koch, Personalsteuerung in der Ministerialbürokratie, 1975.

rend die Verwaltungsstruktur insgesamt erheblich flexibler und sach-
adäquater ist und den Beschäftigten mehr personale Entfaltungsmög-
lichkeiten bieten kann.

dd) Ganz entsprechend zu der hier entwickelten Kritik an der Lehre
von der (verfassungs-)rechtlichen Gebotenheit der ministeriellen Weisungsbefugnis wird neuerdings im Arbeitsrecht die traditionelle rechtliche Begründung für das Direktionsrecht des Arbeitgebers in Zweifel
gezogen[45]. Angesichts der auch in den privatwirtschaftlichen Unternehmungen praktizierten und wissenschaftlich analysierten Organisationsformen, die ohne spezielle, konkrete Einzelweisungsbefugnis des Vorgesetzten auskommen, läßt sich ein Direktionsrecht des Arbeitgebers
aus der Natur der Sache nicht anerkennen[46]. Auch kann es weder aus
der Funktion des Eigentums an Produktionsmitteln[47] noch gar aus einer
Wirtschaftsverfassung des Grundgesetzes[48] abgeleitet werden. Deshalb
bleibt nur als einzige Möglichkeit, das Direktionsrecht einzel-[49] bzw.
kollektivvertraglich[50] zu begründen. Im Ergebnis stimmen diese Analysen mit den hier in bezug auf die ministerielle Weisungsbefugnis betonten Aspekten überein: Die Grundlage und die Ausgestaltung des
Weisungsrechts sind nicht aus allgemeinen, abstrakten Rechtsprinzipien
ableitbar, sondern nur bereichs- und aufgabenspezifisch zu bestimmen;
nur so können die auch grundrechtlich (s. u. III, 5) geschützten personalen Interessen und Qualifikationen der Beschäftigten berücksichtigt und
mit der notwendigen Leitung und Kontrolle komplexer Organisationen
abgestimmt werden.

ee) Schließlich wird selbst dann, wenn man die Einzelweisungsbefugnis des Ministers verfassungsrechtlich für absolut geboten hält, noch
nichts Definitives über die Form und das Ausmaß der dennoch möglichen fachlich-direktiven Mitwirkung der Beschäftigten ausgesagt. Wie
die zahlreichen Formen fachlich-amtsbezogener Mitwirkung, die die
verschiedensten Managementmodelle für die öffentliche Verwaltung
übernommen haben, zeigen, wären selbst mit einer verfassungsrechtlich
gebotenen ministeriellen Weisungsbefugnis noch die unterschiedlichsten
Ausgestaltungen der Führungsorganisation der öffentlichen Verwal-

---

[45] Haug, Direktion zwischen Sachzwang und Demokratie, 1979; Gast, Ar-
beitsvertrag und Direktion. Zweiseitige Leistungsbestimmung im Arbeitsverhältnis, 1978.

[46] Haug (III Anm. 45), S. 46—107.

[47] Haug (III Anm. 45), S. 112—132; Gast (III Anm. 45), S. 198—270.

[48] Haug (III Anm. 45), S. 133—181; Gast (III Anm. 45), S. 272—287.

[49] Gast (III Anm. 45), S. 299 ff.; so auch Böttner, Das Direktionsrecht des
Arbeitgebers, 1971, S. 28 ff., 70 ff.

[50] Haug (III Anm. 45), S. 162—181, auf S. 114 f. mit eingehender Kritik der
einzelvertraglichen Begründung. Dazu auch: Birk, Die arbeitsrechtliche Leitungsmacht, 1973, S. 58 ff.

tung vereinbar. So gibt es zahlreiche Variationen der hierarchisch-bürokratischen Verwaltungsorganisationen, die zwar die Weisungsbefugnis
der Leitungsspitze bestehen lassen, sie jedoch auf ein Minimum redu-
zieren (z. B. management by objectives oder die verschiedenen Formen
der Delegation von Verantwortung). Diese Vielfalt in der Ausgestaltung
ministerieller Leitungsbefugnisse hat sich auch in der Diskussion über
die Verfassungsmäßigkeit ministerialfreier Räume niedergeschlagen.
So erkennt Klein[51] z. B. an, daß es zur Wahrung der ministeriellen Wei-
sungsbefugnisse ausreichen würde, wenn die Verwaltungsspitze eine
Angelegenheit jederzeit an sich ziehen kann, ihr Einzelweisungs- und
Entscheidungsrecht ein potentielles Letztentscheidungsrecht wird. Andere Autoren[52] lassen Veto- und Kassationsrechte genügen.

Bei nicht so sehr zeitabhängigen Entscheidungen dürfte deshalb ein
alle Rechts- und Zweckmäßigkeitsgesichtspunkte erfassendes Veto- oder
Kassationsrecht ausreichen; bei Eilentscheidungen müßte die Befugnis,
die Entscheidung an sich zu ziehen, gegeben sein. Daneben verbleiben
weiterhin zahlreiche Möglichkeiten, die Bediensteten bei der Vorbereitung der endgültigen Entscheidung zu beteiligen. Selbst nach dieser
Ansicht wären deshalb allenfalls einige Formen der fachlich-direktiven
Mitwirkung nicht mehr verfassungsgemäß (Bedienstetenmitwirkung in
der Schule), während andere verfassungsrechtlich unbedenklich wären
(Mitwirkungsbefugnisse in Theatern, Museen).

d) Partizipation und sozialstaatliche Demokratie

Diese rechtlichen und tatsächlichen Schranken des parlamentarischen
Systems weisen zugleich auf allgemeine Bedenken hin, die gegen eine
zu starke Betonung des Prinzips der Parlamentarischen Demokratie
und die völlige Identifizierung demokratischer Legitimation mit parlamentarischer Legitimation und gar dem bürokratisch-hierarchischen
Verwaltungsaufbau bestehen[53]. Hinzu kommt, daß in der Politikwissen-
schaft und der politischen Soziologie nicht nur an der Steuerungsleistung
der parlamentarisch-demokratischen Institutionen, sondern auch an dem
Verfahren der Kreation der demokratischen Institutionen, dem input
des demokratischen Systems, Kritik geäußert wird. Hauptpunkt ist, daß
die staatlich-zentralistischen Partizipationsmodalitäten (vor allem Wahlen und Mitwirkung in den Parteien und Verbänden) nur wenigen

---

[51] Klein (III Anm. 4), S. 50 ff., der diese Entscheidungsform als „Selbst-
eintritt" bezeichnet.

[52] Siehe die Nachweise bei Klein, ebd.

[53] Vgl. auch Stein (III Anm. 1), S. 226 ff.; Wagener / Fangmann / Geulen,
Das Urteil des Brem. Staatsgerichtshofes zur Juristenausbildung, JZ 1975,
S. 430 ff., 433/4.

Gruppen der Bevölkerung offen stehen[54]. Es wird deshalb im Rahmen einer „komplexen Demokratietheorie"[55] befürwortet, den zentralstaatlichen Willensbildungsprozeß zu ergänzen, seine Defizite zu kompensieren und ihn insgesamt dadurch zu optimieren, daß unterhalb der Ebene zentralstaatlicher politischer Institutionen bis in die gesellschaftliche Sphäre hinein Möglichkeiten der Partizipation eröffnet werden. Dabei geht es nicht um die unterschiedslose Übertragung des Demokratieprinzips auf untere staatliche/öffentliche und gesellschaftliche Institutionen, sondern um die Heranziehung des in diesen Organisationen möglichen und mit dem parlamentarischen System zu vereinbarenden Partizipationspotentials zur Effektivierung des gesamtstaatlichen parlamentarischen Legitimationsmodus. Zu einem solchen komplexen Demokratiemodell könnte auch die fachlich-direktive Mitwirkung gehören.

Die rechtliche, speziell die verfassungsrechtliche Relevanz einer solchen Demokratietheorie ist schwer präzise anzugeben. Zwar ist das System der parlamentarischen Demokratie die wesentlichste Ausformung des Demokratieprinzips des Grundgesetzes und der Länderverfassungen. Daneben gibt es im Grundgesetz weiterhin andere Ausprägungen des Demokratieprinzips in der Form eines Abbaus von Herrschaft durch Legitimation der Herrschaft von den Beherrschten her und durch Beteiligung der Beherrschten an der Ausübung der Herrschaft[56]: Einmal die Beteiligung der Betroffenen an der Verwaltung selbst durch die körperschaftliche Selbstverwaltung innerhalb der Staatsorganisation (Art. 28 GG, Universitäten — Art. 5 III GG, Selbstverwaltung der Sozialversicherung — Art. 87 II GG etc.)[57], zum anderen die Beteiligung

---

[54] Vgl. vor allem zum US-amerikanischen Stand der Diskussion: Scharpf (II Anm. 44), S. 21 ff.; Bachrach / Baratz, Macht und Armut, eine theoretisch-empirische Untersuchung, 1977, mit einer Einleitung von Offe (S. 7—34).

[55] Scharpf (III Anm. 54), S. 66 ff.; Naschold (I Anm. 29), S. 73 ff.

[56] Vgl. zu diesen Formen des Demokratieprinzips Hesse (II Anm. 76), S. 52 ff.; Püttner (I Anm. 1), S. 49 ff. m. w. N. (allerdings etwas abgeschwächt). Großmann / Mönch / Rohr, Kommentar zum Br. PersVG, 1979, Einführung Rdnr. 55 ff.; W. Schmidt (I Anm. 25), S. 183 ff., 205 ff. A. A. viele Autoren, die das Demokratieprinzip strikt auf den zentralstaatlichen Bereich konzentrieren, vgl. z. B. Stern (III Anm. 4), S. 471 ff. m. w. N., wobei allerdings als Voraussetzung der zentralstaatlichen Demokratie auch demokratisch strukturierte gesellschaftliche Bereiche und politische Organisationen genannt werden, vgl. Stern (ebd.), S. 453 ff. sowie Kriele (III Anm. 4), S. 65 ff.; kritisch zu diesem Demokratieverständnis unter der Geltung des GG: Rinken (II Anm. 8), S. 226 ff., 248 ff.

[57] Zur Legitimierung der körperschaftlichen Selbstverwaltung aus dem Demokratieprinzip vgl. BVerfGE 33, S. 125 ff., 159 (Ärztekammern); sowie BVerfGE 34, S. 307 ff., 317 (Heimarbeitsausschüsse), BVerfGE 35, S. 79 ff., 125, 139 (Hochschulmitbestimmung); F. Mayer, Selbstverwaltung und demokratischer Staat, in: Demokratie und Verwaltung, 1972, S. 327 ff.; U. K. Preuß, Zum staatsrechtlichen Begriff der Öffentlichen, 1969, S. 188 ff.; Brohm, Strukturen der Wirtschaftsverwaltung, 1969, S. 27 ff., 253 ff.; gegen eine Verbindung von körperschaftlicher Selbstverwaltung und Demokratieprinzip

von Verbänden (Art. 9 III GG)[58] und Parteien (Art. 21 GG) an der Regelung öffentlicher Angelegenheiten.

Es handelt sich hierbei also um die verfassungsrechtlich anerkannte, besondere institutionelle Ausformung des Demokratieprinzips in einem allgemeinen Prinzip sozialstaatlicher und demokratischer Teilhabe, das Schuppert[59] im Zusammenhang mit verfassungstheoretischen Aspekten der Beteiligung von Bürgerinitiativen folgendermaßen umrissen hat: „Es geht nicht darum ... Herrschaft oder Repräsentation durch generelle Partizipation zu ersetzen, sondern um Beteiligung an vorausgesetzter Herrschaft durch Mitwirkung am Entscheidungsprozeß." Zugrunde liegt hier die Vorstellung, daß die Demokratie des Grundgesetzes zu verstehen sei als „Legitimation von Herrschaft als Prozeß", dessen wichtigstes, aber nicht einziges Element die Wahlen sind[60]. Darin fügt sich ein, daß die gesellschaftliche Partizipation und die Kooperation zwischen staatlicher Verwaltung und privater Initiative gerade im Bereich der personalen Dienstleistungen verfassungsrechtlich und gesetzlich anerkannt sind (vgl. oben II, 3, d); die Aufgabenerledigung ist hier also gezielt pluralistisch strukturiert und ausdifferenziert.

Bürgerschaftliche Beteiligung soll aber nicht nur besondere (gesellschaftliche) Interessen in den staatlichen Entscheidungszusammenhang einbringen, sondern hat auch die Funktion, die inhaltliche Richtigkeit staatlicher Entscheidungen im Interesse der Allgemeinheit durch die Mobilisierung von Sachverstand zu erhöhen, so daß zur demokratischen Teilhabe auch (noch) die Heranziehung des Bediensteten als „Professioneller" und, insbesondere bei den personenbezogenen Dienstleistungen, als persönlich notwendig Engagierter gerechnet werden kann.

Darüber hinaus lassen sich zwar aus den erwähnten, im Grundgesetz enthaltenen Gewährleistungen innerstaatlicher demokratischer Organisationsformen Differenzierungen im Demokratieprinzip des Grundgesetzes aufzeigen, die es rechtfertigen, auch die fachlich-direktive Mitwirkung der Bediensteten nicht als absoluten Gegensatz zum Demokra-

---

z. B. Schmitt Glaeser (I Anm. 25), S. 214 ff. sowie ders., Mitbestimmung im Rundfunk, Der Staat, 1974, S. 573 ff. (578/9) m. w. N.; H. H. Klein, Demokratie und Selbstverwaltung, in: Festschrift für E. Forsthoff, 1972, S. 165 ff.

[58] Zur demokratischen Komponente des Art. 9 Abs. 3 GG: Ridder, Zur verfassungsrechtlichen Stellung der Gewerkschaften im Sozialstaat nach dem GG für die Bundesrepublik Deutschland, 1960; Popp, Öffentliche Aufgaben der Gewerkschaften und innerverbandliche Willensbildung, 1975, S. 35 ff., 82 ff. Zur Verbindung von Mitbestimmung und Demokratie vgl.: Zuleeg, Unternehmensmitbestimmung und Demokratie, RdA 1978, S. 223 ff., 226 f.; a. A. für das Personalvertretungsrecht z. B. Schelter, Personalvertretung — ein Stück „Demokratisierung der Verwaltung", RdA 1977, S. 349 ff.

[59] Bürgerinitiativen als Bürgerbeteiligung (II Anm. 9), S. 369 ff., 394 (Zitat).

[60] Ebd., S. 399 ff. m. w. N.

tieprinzip des Grundgesetzes zu verstehen. Aber diese Argumentation bleibt auf der Ebene der Verfassungsprinzipien und der Demokratietheorie. Ihre konkrete normative Relevanz hat sie deshalb dort, wo es gilt, die fachlich-direktive Mitwirkung mit dem im Grundgesetz explizit ausgewiesenen Modus demokratischer Partizipation, der allgemeinen und gleichen Beteiligung der Bürger als Staatsbürger außerhalb des Staatsapparates[61] an der politischen Willensbildung, abzustimmen und nicht etwa gegen ihn auszuspielen. Unter demokratie-theoretischen Aspekten gewinnt deshalb die fachlich-direktive Mitwirkung von Bediensteten insoweit an Bedeutung, als sie, wie oben dargelegt, die Entscheidungsprozesse transparenter machen und zusätzliche externe (parlamentarische und bürgerschaftliche) Kontroll- und Legitimationsverfahren effektivieren kann. Zugleich kann eine stärkere Verselbständigung der Basiseinheiten in der Verwaltung personaler Dienstleistungen die dort geforderte Öffnung und Kooperation mit den gesellschaftlichen Trägern erheblich erleichtern (vgl. oben II, 3, d). Gerade weil und insoweit als die fachlich-direktive Mitwirkung der Beschäftigten keinen Gegensatz zum parlamentarisch-demokratischen Legitimationsmodus bedeutet, sondern ihn stärkt und ergänzt, kann sie auch als eigenständige Form der sozialstaatlich-demokratischen Partizipation innerhalb der parlamentarischen Demokratie anerkannt werden. Dann ergänzt die fachlich-direktive Mitwirkung die traditionell hierarchisch-bürokratische Verwaltung, die schon mit dem neuzeitlichen Staat entstanden und als „vordemokratische" Institution von der parlamentarischen Demokratie übernommen worden ist und von ihr sachgerecht modifiziert werden kann (s. o. II, 4).

e) Zusammenfassung

Zusammenfassend muß also betont werden, daß die aus dem System der parlamentarischen Demokratie ableitbare Struktur der Verwaltung verschiedene Steuerungselemente miteinander verbindet, die je nach der Besonderheit der zu erledigenden Aufgaben und des einzusetzenden Personals in unterschiedlicher Art und Weise kombiniert werden müssen, um eine sachadäquate Form demokratischer, parlamentarischer Legitimation zu gewährleisten.

aa) Von den Anforderungen einer demokratisch-parlamentarischen Legitimation her bedeutet das:

---

[61] Daß diese Differenzierung von Staatswillensbildung durch das Volk und staatsinterner Willensbildung konstitutive Bedeutung hat, hat gerade die Auseinandersetzung um die Parteienfinanzierung (dazu BVerfGE 20, S. 56 ff.) und die Öffentlichkeitsarbeit der Regierung (dazu BVerfGE 44, S. 124 ff.) deutlich gemacht.

(1) *Die Gesetzmäßigkeit der Verwaltung muß* als wesentliches Instrument parlamentarisch-demokratischer Legitimation des Verwaltungshandelns wie auch als Instrument zum Schutze der Bürger im Bereich personaler Dienstleistungen durch Veto- und Letztentscheidungsrechte der politisch verantwortlichen Verwaltungsspitze und durch das parlamentarische Kontrollrecht gewährleistet bleiben. Auch die gerichtliche Kontrolle (Art. 19 Abs. 4 GG) darf nicht beeinträchtigt werden. Dies ist bei allen bisher existierenden Formen fachlich-direktiver Mitwirkung gewährleistet.

(2) Ähnlich wie bei der Einrichtung autonomer Verwaltungseinheiten bedürfen jene Formen fachlich-direktiver Mitwirkung einer gesetzlichen Grundlage, die sich auf politisch bedeutsame Aufgaben beziehen oder die Mitentscheidungsbefugnisse beinhalten, die die Rechte der Bürger tangieren (institutioneller sowie demokratisch-rechtsstaatlicher Gesetzesvorbehalt).

(3) Das Element der personell-organisatorischen Legitimation der Verwaltung durch das Parlament erfordert, daß in den Gremien der Verwaltung, die Letztentscheidungsbefugnisse haben, zumindest die Hälfte der Mitglieder ihre Entscheidungsfunktion über eine Legitimationskette auf das Parlament zurückführen können muß.

(4) Ein durchgehendes, fachliches Einzelweisungsrecht der politisch verantwortlichen Verwaltungsspitze ist weder verfassungsrechtlich geboten noch in der Verwaltungspraxis, insbesondere im Bereich der personalen Dienstleistungen, realisierbar. Hier erlangen einerseits die anderen „klassischen" Steuerungselemente an Bedeutung, wie die gesetzliche und verwaltungsinterne Programmierung, das Budgetrecht des Parlaments und die Haushaltskontrolle, die Maßnahmen der Personalwirtschaft sowie die begleitende parlamentarische Kontrolle durch Anfragen, Ausschüsse, Berichtspflichten etc. Andererseits kann auch die fachlich-direktive Mitwirkung die demokratische Kontrolle vor allem dadurch verbessern, daß sie Konflikte und Entscheidungsprozesse in der Verwaltung öffentlicher und transparenter macht und Ansatzpunkte für ergänzende Institutionen und Verfahren der parlamentarischen Kontrolle bietet.

bb) Von den Besonderheiten der jeweiligen Aufgabe her bedeutet das:

(1) Soweit Verwaltungsaufgaben weitgehend durch den Gesetzgeber und ergänzend verwaltungsintern durch die politisch verantwortliche Verwaltungsspitze programmierbar sind (z. B. in den Schulen durch Schulgesetze und Lehrpläne), kann die demokratisch-parlamentarische Legitimation im wesentlichen dadurch gewahrt werden, daß die Ein-

haltung der Gesetze und der verwaltungsinternen Programmierung gewährleistet wird. In einem solchen Fall erscheint es vertretbar, bei den daneben noch bestehenden Spielräumen der Verwaltung, die, wie in der Schule oder in anderen Bildungsinstitutionen, aus der Natur personaler Dienstleistungen folgen, durch Mitwirkung der Beschäftigten in Verbindung mit einer Beteiligung der betroffenen Bürger die Öffentlichkeit und die Transparenz und damit die Kontrolle der Verwaltungstätigkeit zu erhöhen.

(2) Soweit eine gesetzliche und verwaltungsinterne Programmierung effektiv eingesetzt werden kann, ist die Wahl bzw. die Mitwirkung bei der Bestellung des unmittelbaren Vorgesetzten unter Aspekten des Demokratieprinzips zulässig. Dabei muß aber gesichert sein, daß der Verwaltungsspitze kein Kandidat aufgezwungen werden kann. Andererseits können (Vor-)Entscheidungsgremien auch über die Hälfte hinaus mit Bedienstetenvertretern und anderen nicht parlamentarisch legitimierten Personen besetzt sein, wenn die Gremien keine Letztentscheidungsbefugnisse haben oder zumindest effektiven Kontroll- und Selbsteintrittsrechten der parlamentarisch-verantwortlichen Verwaltungsspitze unterliegen (so bei der Mitwirkung in den Museen).

(3) Je nach dem Grad, in dem die Verwaltungsaufgaben einer gesetzlichen und verwaltungsinternen Programmierung entzogen sind und statt einer detaillierten, konditionalen nur einer allgemeinen, finalen gesetzlichen Programmierung unterworfen werden, gewinnen die oben (aa, 4) erwähnten Kontroll- und Legitimationsinstrumente wie auch die fachlich-direktive Mitwirkung als Leitungsinstrumente an Bedeutung. Dies ist bei den meisten personalen Dienstleistungen der öffentlichen Verwaltung der Fall.

(4) In Ausnahmefällen ist es — analog der Praxis bei der Einrichtung ministerialfreier Räume — verfassungsrechtlich zulässig, weitgehend autonome Bereiche mit interner Mitwirkung der Beschäftigten einzurichten, insbesondere wenn Autonomie und Mitwirkung von der Verwaltungsaufgabe (wie auch den Grundrechten s. u. III, 5) her geboten sind. Auch hier ist ein Mindestmaß an demokratisch-parlamentarischer Legitimation erforderlich. Dafür dürften unabdingbar sein: Die gesetzliche Errichtung der Institution und die gesetzliche Umschreibung ihres Handlungsrahmens, die ministerielle Rechtsaufsicht und die haushaltsrechtlichen Kontrollen.

2. Gewaltenteilung

Weiterhin wird gegen die fachlich-direktive Mitwirkung eingewandt, sie verletze das Gewaltenteilungsprinzip (Art. 20 Abs. 2 GG), da die

Exekutive nur dann eine selbständige Gewalt ist, wenn sie einen Bereich eigenständiger, von ihr voll beherrschbarer Befugnisse und Kompetenzen hat. Dieser Bereich würde aber durch die fachlich-direktive Mitwirkung beschränkt[62].

Soweit das Gewaltenteilungsprinzip die Konstituierung eigenständiger Gewalten fordert, um deren parlamentarisch-demokratische Verantwortung zu sichern[63], ist dieser Aspekt im vorigen Abschnitt erörtert worden. Soweit das Gewaltenteilungsprinzip aus rechtsstaatlichen wie allgemein aus funktionellen Gründen sichern soll, daß die im Grundgesetz genannten drei Gewalten eigenständig bestehen und funktionieren, ist gerade entscheidend, ob die Regierungsgewalt im Verhältnis zu den anderen Gewalten[64] so geschwächt wird, daß sie keine selbständige Rolle mehr spielen kann und ihr „funktioneller Kernbereich"[65] tangiert wäre. Durch die bisher entwickelten Formen fachlich-direktiver Mitwirkung wird diese Grenze nicht überschritten, da sie allenfalls Teilbereiche der Exekutive betreffen, dort die oft kaum effektiv realisierbare Einzelweisungsbefugnis der Verwaltungsspitze einschränken und eine Mitwirkung, aber keine Alleinentscheidung bei der Besetzung bestimmter Leitungsstellen gewähren.

3. Gleichheitsgrundsatz

Eng verbunden mit dem Demokratieprinzip ist das Gleichheitsprinzip, das als Grundlage der „egalitären Demokratie" gewährleisten soll, daß im Rahmen der politischen Willensbildung des Volkes jeder Bürger gleiche Rechte hat (Art. 3, 33 Abs. 1, 38 Abs. 1 GG). Gegen eine fachlich-direktive Mitwirkung wird eingewandt[66], daß sie Einfluß auf die Formung und Durchführung des Staatswillens / der Verwaltungsaufgabe habe, was dazu führe, daß die Bediensteten in gleichheitswidriger Weise durch ihre „Doppelrepräsentation" privilegiert würden: einmal über ihr

---

[62] So vor allem — in einer im Grundsatz berechtigten Kritik an BVerfGE 9, S. 268 ff. — Vogel (III Anm. 4), S. 894, nach dem jede „Schwächung" der Exekutive das Gewaltenteilungsprinzip verletzen kann. Ihm folgen z. B. Leisner (I Anm. 1), S. 45/6; ähnlich Partsch, Anm. in JZ 1960, S. 23/4 und Lecheler (III Anm. 3). a. A. Damkowski (II Anm. 2), S. 41/2; Böckenförde (III Anm. 5), S. 62 ff.

[63] Zum Zusammenhang von Gewaltenteilung und parlamentarischer Demokratie: Stern (III Anm. 4), S. 756 ff., 781 ff. m. w. N.

[64] BVerfGE 9, S. 268 ff. (280/1); zustimmend: Böckenförde (III Anm. 5), S. 78 ff.; anderer Auffassung z. B. Leisner (I Anm. 1), S. 45/6.

[65] Böckenförde (III Anm. 5), S. 63.

[66] Zeidler (III Anm. 4), S. 274; Püttner (I Anm. 1), S. 60 ff.; Biedenkopf / Säcker (II Anm. 1), S. 221 f.; Bethge (I Anm. 22), S. 47/8 m. w. N.; von Münch, Öffentlicher Dienst, in: Besonderes Verwaltungsrecht (Hrsg. v. Münch), 5. Aufl. 1979, S. 81.

Mitwirkungsrecht als Bürger und Teil des Volkes, zum anderen über ihr Mitwirkungsrecht als Bedienstetenvertreter. Dies ist ein Argument, das letztlich gegen jede Beteiligung nur bestimmter Bürger an der Staatswillensbildung, die über die Wahl zum Parlament hinausgeht, eingewandt werden kann[67].

a) Gleichheitssatz und bereichsspezifische Differenzierung

Es dürfte aber kaum möglich sein, von einer so totalen und allgemeinen Geltung des Gleichheitssatzes im Rahmen der egalitären Demokratie auszugehen. Wie es allgemein anerkannt ist, daß bei der Prüfung der Gleichbehandlung die Vergleichspaare, für die das Gebot der Gleichbehandlung gelten soll, je nach dem sachlich gebotenen Differenzierungskriterium verschieden festgelegt werden können[68], so muß die Geltung des Gleichheitssatzes nach den jeweiligen Bereichen politischer Mitwirkung differenziert werden. Uneingeschränkt gilt der Gleichheitssatz im Rahmen des Wahlrechts, als der wesentlichsten Form der allgemeinen staatsbürgerlichen, politischen Mitwirkung der Bevölkerung an der Konstitution der politischen Gremien im Staat und bei den Selbstverwaltungskörperschaften[69]. Auf der anderen Seite ist eine allgemeine Gleichbehandlung in jenen Bereichen, in denen es nicht um die allgemeine Teilhabe am politischen Willensbildungsprozeß, sondern um die spezielle Betroffenheit einzelner Teile der Bevölkerung geht, nicht geboten, auch wenn die Abgrenzung des Kreises der „Betroffenen" schwierig sein sollte.

Dies gilt insbesondere für die Mitbestimmung nach dem Personalvertretungsrecht, dessen Ansatzpunkt die spezielle Abhängigkeit der Beschäftigten des öffentlichen Dienstes gegenüber dem Dienstherren ist. So ist die fachlich-direktive Mitwirkung von Bedienstetenvertretern z. T. auch durch das Ziel, die personalvertretungsrechtlichen Bestimmungen zu erweitern und zu effektivieren, sachlich gerechtfertigt.

Ebenso hat die fachlich-direktive Mitwirkung in der öffentlichen Verwaltung die Funktion, neben der besonderen Betroffenheit der Bediensteten als Arbeitnehmer auch ihren besonderen Sachverstand zur Erfüllung der Verwaltungsaufgabe heranzuziehen. Dies dürfte insbesondere für die Beteiligung der Bediensteten an den Mitbestimmungs-

---

[67] So z. B. Bedenken gegen eine bürgerschaftliche Partizipation an Verwaltungsentscheidungen bei Schmitt Glaeser (I Anm. 25), S. 306/7.

[68] Podlech, Gehalt und Funktionen des allgemeinen verfassungsrechtlichen Gleichheitssatzes, 1971, S. 77 f., 85 f., 96 f.; Damkowski (II Anm. 2), S. 43 ff.

[69] Vgl. die Rechtsprechung des BVerfGE 40, 296 ff. (317 f.); 44, 124 ff. (144 f.); sowie Stern (III Anm. 4), S. 239 ff., 459 ff.; Podlech (III Anm. 68), S. 168 ff.; Karpen, Mitbestimmung in Körperschaftsorganen und im Personalrat, DÖV 1983, S. 90 ff., 93—97.

gremien im Bildungsbereich gelten (Theater, Universitäten, Schule, Museen). Auch dieser Aspekt vermag zu begründen, daß die Bedienstetenvertreter fachliche Mitwirkungsrechte in der Verwaltung erhalten. Allerdings wäre es nicht mehr zu legitimieren, wenn diese Beteiligung zu einem Übergewicht der Behördenbediensteten führen würde, insbesondere in einem Mitwirkungsgremium, das echte Letztentscheidungs- und -gestaltungsrechte bei der Erledigung der Verwaltungsaufgabe hätte.

b) Angleichung an die Mitwirkung im privaten Bereich

Darüber hinaus können bei der fachlich-direktiven Mitwirkung im öffentlichen Dienst nicht jene oben (II, 1) beschriebenen Angleichungstendenzen zwischen dem öffentlichen Dienst und dem privaten Arbeitsrecht vernachlässigt werden, die nicht nur die Grundstrukturen, das Arbeitsverhältnis und die Abhängigkeit vom Lohn und den Arbeitsbedingungen, sondern auch die Organisation und sogar die Inhalte der Arbeit umfassen. Es ist sachlich nicht gerechtfertigt, bei den gleichen Rationalisierungs- und Organisationsmaßnahmen im öffentlichen Dienst wie in der Privatwirtschaft die Mitbestimmung der Arbeitnehmer im privaten Unternehmen bzw. in der Verwaltung unterschiedlich zu handhaben[70]. Besonderheiten der inhaltlichen Aufgabe des öffentlichen Dienstes dürften dann vor allem in Kernbereichen hoheitlicher Verwaltung gelten, könnten hier aber kaum einen Ausschluß, sondern allenfalls eine Einschränkung der Mitwirkung legitimieren.

Schließlich ist es unter Aspekten der Sachnähe und der Fachkompetenz auch gerechtfertigt, im Rahmen der bürgerlich-ehrenamtlichen Mitwirkung an der Verwaltung besondere Gruppen des „Staats-" bzw. „Gemeinde-"volkes, nämlich die öffentlichen Bediensteten, zu berücksichtigen. In ähnlicher Weise dürfte es auch nicht gegen den Gleichheitssatz verstoßen, daß nach dem Mitbestimmungsgesetz von 1976 in den ökonomisch wichtigen Großunternehmen nur die dort beschäftigten Arbeitnehmer zur fast paritätischen Mitbestimmung berechtigt sind, obwohl diesen Unternehmen eine große Bedeutung für den gesamten wirtschaftlichen und auch politischen Bereich zukommt.

Diese letzten Gesichtspunkte sollten deutlich machen, daß die Besonderheiten der Tätigkeit des öffentlichen Dienstes unter dem Aspekt des

---

[70] Es ist deshalb für einen Autor, der bei der Mitbestimmung die Besonderheit des öffentlichen Dienstes betont, nur konsequent, eine weitgehende Privatisierung all jener, angeblich ihrer Natur nach „eigentlich" gar nicht staatlichen Aufgaben zu fordern, so daß sie voll der weitergehenden Mitbestimmung in der Privatwirtschaft unterfallen würden, so z. B. Zeidler (III Anm. 4), S. 724/5.

Gleichheitssatzes nicht jede Form fachlich-direktiver Mitwirkung ausschließen. Es lassen sich vielmehr Gemeinsamkeiten mit der Privatwirtschaft einerseits sowie herkömmlichen Merkmalen körperschaftlicher Selbstverwaltung andererseits finden, die eine vollständige Herausnahme des öffentlichen Dienstes aus der Mitbestimmung auf „betrieblicher" und „überbetrieblicher" Ebene als sachlich nicht gerechtfertigt erscheinen lassen. Für eine fachlich-direktive Mitwirkung spricht schließlich auch, die Effektivität und Kontrolle der Verwaltung zu steigern wie die Eigenart bestimmter Verwaltungsaufgaben, z. B. die der personalen Dienstleistungen, und die grundrechtliche geschützte personale Autonomie der Beschäftigten (s. u. III, 5) zu berücksichtigen. Die damit aufgezeigten Bewertungsspielräume rechtfertigen deshalb weder ein absolutes Verbot noch ein absolutes Gebot, die bestehende Mitbestimmung im öffentlichen Dienst um fachlich-direktive Mitwirkungselemente zu erweitern.

4. Herkömmliche Strukturmerkmale des öffentlichen Dienstes

Weiterhin wird vertreten[71], daß eine Mitbestimmung im öffentlichen Dienst gegen *hergebrachte Grundsätze des Berufsbeamtentums* (Art. 33 Abs. 5 GG) verstieße. Dies sei insbesondere deshalb der Fall, weil hierzu einmal die hierarchische Struktur des öffentlichen Dienstes zähle, die Garant für die Neutralität und Unparteilichkeit des öffentlichen Dienstes sei und für klare Bezugspunkte der Treuepflicht des Bediensteten sorge. Deshalb verstößt es nach Ansicht des Bundesverfassungsgerichts[72] gegen die hergebrachten Grundsätze, wenn in personellen Angelegenheiten der Beamten andere als die vorgesetzten Stellen (mit-) zu entscheiden hätten und dadurch Loyalitätskonflikte für die Beamten schaffen könnten. Weiterhin gehöre es zum traditionellen Bild des öffentlichen Dienstes, daß der Beamte „Vollzieher des demokratisch legitimierten Staatswillens, nicht aber dessen Korrektor oder gar Bilder" sei. Schließlich vertrüge es sich ebenfalls nicht mit dem Pflichten- und Treueverhältnis der Beamten, würden sie auch an der inhaltlichen Konzeptionierung ihrer Tätigkeit gegenüber dem Dienstherren mitwirken können. Die gleichen Argumente sprächen auch gegen eine Mit-

---

[71] Vgl. *Grabendorff*, Verfassungsrechtliche Prolegomena zum Personalvertretungsrecht und zur Mitbestimmung im öffentlichen Dienst, DVBl. 1952, S. 325 ff.; *W. Weber*, Staatsbürger und Staatsgewalt, Bd. 2, 1963, S. 147 ff.; *Schmitt Glaeser* (I Anm. 1), S. 155; *Püttner* (I Anm. 1), S. 72 ff.; *Bethge* (I Anm. 22), S. 38/9 m. w. N. sowie BVerfGE 9, S. 268 ff. (285 ff.) zu einem Fall der abschließenden Letztentscheidung einer Einigungsstelle über die personellen Angelegenheiten der Beamten. Anderer Auffassung z. B. *Damkowski* (II Anm. 1), S. 7 ff.; *H. P. Schneider* (III Anm. 3), S. 603.

[72] BVerfGE 9, S. 268 ff., 286/7; ähnlich BVerfGE 17, S. 43 ff. (51).

wirkung der Beschäftigten bei der Bestellung ihres Dienststellenleiters[73].

a) Die eingeschränkte Geltung
des Art. 33 Abs. 5 GG als Transformationsnorm

Gegen diese Argumente ist einzuwenden, daß Art. 33 Abs. 5 GG von
seinem ausdrücklichen sprachlichen Gehalt her, was insoweit auch von
der Entstehungsgeschichte der Norm[74] bekräftigt wird, eine „Transfor-
mationsnorm" darstellt, die keine unmittelbare Geltung beanspruchen
kann[75]. Soweit das Bundesverfassungsgericht[76] einigen, für den hier zu
behandelnden Problembereich allerdings unerheblichen „hergebrachten
Grundsätzen" unmittelbare Geltung zumißt und aus ihnen gar subjektive Rechte der Beamten ableitet, setzt sich dies über den insoweit
klaren Wortlaut der Norm hinweg und führt zu einem Rangverhältnis
zwischen Grundsätzen, die zu beachten, und Grundsätzen, die nur zu
berücksichtigen sind; auch die Entstehungsgeschichte des Art. 33 Abs. 5
GG kann diese Differenzierung nicht rechtfertigen. Deshalb ist diese
Judikatur zu Recht stark kritisiert worden[77].

Art. 33 Abs. 5 GG bindet alle jene Instanzen, die das Recht des öffentlichen Dienstes zu regeln haben; jedoch sind bei der Realisierung dieses
Bindungsprozesses mehrere Stufen zu unterscheiden[78]: Erstens gilt es
festzustellen, ob es einen hergebrachten Grundsatz des Berufsbeamtentums gibt und was sein genauer Inhalt ist; zweitens muß dieser hergebrachte Grundsatz, soll er Bindungswirkung für die staatlichen
Instanzen der Bundesrepublik haben, auf seine Vereinbarkeit mit dem

---

[73] Böhmer / Pfeifer, Zur Wahl des Schulleiters und seiner Bestellung auf
Zeit, ZBR 75, S. 37 ff.; Leisner, Vorgesetztenwahl?, 1974, S. 24/5; so wohl auch
Maunz / Dürig / Herzog / Scholz, GG Art. 33 Rdnr. 64, die Bedenken allerdings
nur gegen eine solche Mitwirkung haben, die der Behördenspitze einen Schul-
leiter gegen ihren Willen aufdrängen könnte.

[74] Zu ihr allgemein Sörgel, Konsensus und Interesse, 1969, S. 123 ff. sowie
JÖR N. F. Bd. 1, 1951, S. 314 f., 323.

[75] Vgl. nunmehr eingehend: Rottmann, Der Beamte als Staatsbürger, 1981,
S. 16 ff., 172 ff.

[76] BVerfGE 3, S. 58 ff.; 8, S. 15 ff.; 24, S. 235 ff.; 43, S. 154 ff.; 44, S. 249 ff.;
56, S. 146 ff., 162 m. w. N.; zustimmend Wiese, Beamtenrecht 1975, S. 6.

[77] Vgl. Rottmann (III Anm. 75) sowie von Münch (III Anm. 66), S. 36;
Maunz / Dürig / Herzog / Scholz, Grundgesetz, Rdnr. 58 zu Art. 33; Wiese (III
Anm. 76), S. 6 ff.; Lecheler, Die „hergebrachten Grundsätze des Berufsbeamtentums" in der Rechtsprechung des BVerfGE und des BVerwG, AöR
1978, S. 349 ff., 363 ff.; Ule, Öffentlicher Dienst, in: Grundrechte, Bd. IV/2,
S. 537 ff. (568 f.); ders., Beamtenrecht 1970, S. 11 ff.; Däubler, Der Streik im
öffentlichen Dienst, 2. Aufl. 1971, S. 105 ff. m. w. N.

[78] Vgl. auch Rottmann (III Anm. 75), der auf die gerade hier entscheidende
Differenzierung als was ein hergebrachter Grundsatz des Berufsbeamtentums
im Unterschied zu anderen Grundsätzen der Verwaltungsorganisation anzu-
sehen ist, von seiner Themenstellung nicht einzugehen braucht.

Grundgesetz überprüft werden[79]; drittens müssen die insoweit transformierbaren hergebrachten Grundsätze bei ihrer Konkretisierung mit dem übrigen Recht der Bundesrepublik abgestimmt werden und sind auch die heutigen, gegenüber früher geänderten Strukturen jener staatlichen und gesellschaftlichen Sachbereiche zu berücksichtigen, denen die hergebrachten Grundsätze jeweils zuzuordnen sind. Das bedeutet z. B. auch, daß bei der Regelung des Rechts des öffentlichen Dienstes weder jeder noch gar die Mehrheit der hergebrachten Grundsätze voll zu verwirklichen sind, der Gesetzgeber z. B. diese Grundsätze zurücktreten lassen kann gegenüber der Verwirklichung anderer Verfassungsprinzipien. Der Gesetzgeber hat also einen breiten Spielraum bei der Konkretisierung und Anpassung der hergebrachten Grundsätze[80].

b) Die hierarchische Organisationsstruktur und die hergebrachten Grundsätze des Berufsbeamtentums

Schon bei der ersten Stufe dieses eben beschriebenen Transformationsprozesses bestehen erhebliche Schwierigkeiten, zu den „hergebrachten Grundsätzen des Berufsbeamtentums" die Strukturmerkmale der hierarchisch-bürokratischen Verwaltung zu zählen.

So hat das Bundesverfassungsgericht[81] den Grundsatz hierarchischer Entscheidungsbefugnisse der Vorgesetzten in personellen Angelegenheiten auch nicht aus einer historischen Analyse des Dienstrechts gewonnen. Vielmehr hat es ihn gleichsam mittelbar dadurch aus Art. 33 Abs. 5 GG abgeleitet, daß ein solcher Grundsatz eine notwendige Voraussetzung dafür sein soll, daß andere anerkannte Grundsätze des Berufsbeamtentums, insbesondere die Treuepflicht und die Neutralität der Amtsführung, realisiert werden können.

aa) Grundsätzlich ist gegen dieses Vorgehen einzuwenden, daß damit ein inhaltliches Organisationsprinzip des Verwaltungsaufbaus über die verfassungsrechtliche Garantie des Art. 33 Abs. 5 GG festgeschrieben wird, obwohl Art. 33 Abs. 5 GG ansonsten bisher nur auf die Grundzüge des Dienstrechts bezogen wird[82]. Zudem sind die Prinzipien des Dienstrechts einerseits und der Verwaltungsorganisation andererseits im Grundgesetz völlig getrennt voneinander geregelt worden (Art. 33, 73 Nr. 8, 74 a, 75 Nr. 1 — Art. 20, 28, 83 ff. GG). Schließlich ist das hierachi-

---

[79] Insoweit wohl auch ganz herrschende Meinung vgl. Rottmann (III Anm. 75), S. 124 ff. m. w. N. in Anm. 19.

[80] Vgl. die Autoren in III Anm. 77.

[81] Hier setzt auch die Kritik von Ule, Öffentlicher Dienst, in: Bettermann / Nipperdey, Die Grundrechte, Bd. IV/2, 1962, S. 537 ff., 645 an. Ihm folgt Schick (III Anm. 3), S. 270 f.

[82] Vgl. die Übersicht bei Lecheler (III Anm. 77).

sche Organisationsprinzip der Verwaltung nicht einmal von dem tragenden materialen Prinzip der Staats- und Verwaltungsorganisation des Grundgesetzes her, dem Prinzip der parlamentarischen Demokratie, zwingend geboten (s. oben III, 1).

bb) Sieht das Bundesverfassungsgericht die hierarchische Leitungsbefugnis als Voraussetzung für die Gewährleistung von Treue und Neutralität der Beamten an, so trifft es damit zugleich eine Aussage über tatsächliche, kausale Zusammenhänge. Dann aber liegt der Einwand nahe, weshalb das Bundesverfassungsgericht bei Angestellten und Arbeitern des öffentlichen Dienstes, die in dieser Hinsicht denselben Pflichten unterliegen, die strikte Wahrung des Hierarchieprinzips nicht für notwendig hält. Daraus wiederum folgt, daß es sich beim Hierarchieprinzip zwar um eine mögliche Voraussetzung, nicht aber um eine notwendige, geschweige denn gar um eine hinreichende Bedingung für die Gewährleistung von Treue und Neutralität der Bediensteten handelt, und daß Treue und Neutralität auch durch eine andere Ausgestaltung der Dienstverhältnisse und der Verwaltungsorganisation gewährleistet werden können.

cc) Schließlich entspricht es eher einem religiös-archaischen, vordemokratischen Verständnis von „Treue" des Bediensteten gegenüber dem Dienstherrn, soll „Treue" nur dann gewährleistet sein, wenn die Dienstpflichten dem Bediensteten autoritär vorgegeben sind, aber nicht, wenn er an ihrer Abfassung bzw. ihrer Konkretisierung mitgewirkt hat[83]. Es ist nicht nur ein elementares Prinzip demokratischer Verwaltung und Verfassung, sondern auch effizienter Organisation, daß gerade die Mitwirkung an einer Regelung die Loyalität und „Treue" ihr gegenüber absichert.

dd) Die der Rechtsprechung des Bundesverfassungsgerichts implizit zugrunde liegende Ansicht, die hierarchische Entscheidungsbefugnis des Vorgesetzten sei als notwendige Voraussetzung zur Realisierung der hergebrachten Grundsätze der Treue- und Neutralitätspflicht der Beamten über Art. 33 Abs. 5 GG garantiert, ist also schon von ihren normativen wie empirischen Prämissen her abzulehnen.

c) Die Tradition der Mitwirkung der Bediensteten

Selbst wenn man aber vertreten wollte, über das Dienst- und Statusrecht hinausgehend gehörten auch verwaltungsorganisatorische, und sogar inhaltliche Aspekte der Verwaltungstätigkeit zu den mittelbar garantierten hergebrachten Grundsätzen des Berufsbeamtentums, so wäre zumindest auch die Existenz von solchen hergebrachten Grund-

---

[83] Vgl. dazu auch Leisner (I Anm. 1), S. 37/8.

sätzen des Berufsbeamtentums zu berücksichtigen, die gegen eine strikte hierarchische Einbindung des Berufsbeamtentums sprechen. Zwar ist bei einer solchen Analyse die gesamte Tradition des Berufsbeamtentums zugrundezulegen; aber für die Konkretisierung des Beamtenrechts im parlamentarischen Regierungssystem der Bundesrepublik sind vor allem jene Grundsätze von Bedeutung, die von der Tradition des Beamtentums im demokratischen Staat, und d. h. der Weimarer Republik, herausgebildet bzw. geformt worden sind[84].

Unter Aspekten der Mitbestimmung der Bediensteten ist hier vor allem das Recht der Beamten auf eine Personalvertretung (Art. 130 Abs. 3 WRV) zu zählen[85]. Soweit die fachlich-direktive Mitwirkung der Effektivierung und Ausweitung der Arbeit der Personalvertretung dient, ist sie mit diesem hergebrachten Grundsatz des Berufsbeamtentums vereinbar und kann von ihm z. T. mit gerechtfertigt werden.

Weiterhin wäre eine schon fast traditionelle Entwicklung des öffentlichen Dienstes zu berücksichtigen, die in mehreren Bereichen dem Beamten und sonstigen öffentlichen Bediensteten große Grade an beruflich-fachlicher Autonomie zugestand. Beginnend im 19. Jahrhundert und forciert in der Weimarer Republik hat sich z. B. die Tätigkeit der Lehrer fachlich-wissenschaftlich ausgerichtet, sich „professionalisiert" und sich dementsprechend zuerst aus der kirchlichen oder privaten/gemeindlichen und dann teilweise auch aus der staatlichen Aufsicht und Einzelweisungskompetenz herausgelöst und organisatorisch abgesicherte Formen selbständiger Aufgabenerledigung entwickelt (kollegiale Leitung, Mitwirkung gewählter Vertreter an der staatlichen Dienstaufsicht und bei der Bestellung des Dienststellenleiters etc.)[86]. Ähnliche Entwicklungen dürften auch für einige andere Berufe im öffentlichen Dienst, etwa die Ärzte, Sozialarbeiter, Architekten und Künstler etc., zu vermuten sein — was allerdings erst (stärker beamten-)rechtlich orientierte Detailstudien klären müßten. Diese schon in der Weimarer Republik vorhandene Tradition beruflich-fachlicher Selbständigkeit bei einigen personalen Dienstleistungen, bei denen auch heute Formen fachlich-

---

[84] So hat es das Bundesverfassungsgericht (E 15, S. 195 f.) ausdrücklich ausreichen lassen, daß zu den „hergebrachten Grundsätzen" solche zu zählen wären, die während eines längeren Zeitraums, mindestens jedoch unter der Weimarer Reichsverfassung, anerkannt worden sind. Vgl. zuletzt BVerfGE 46, S. 97 ff., 117 und BVerfG v. 23. 6. 1981, DÖV 1981, S. 670 f.

[85] Vgl. dazu Leisner (I Anm. 1), S. 50 m. w. N. in Fn. 124; Maunz / Dürig / Herzog / Scholz, Grundgesetz, Art. 33 Rdnr. 63 ff.; F. Mayer, Verfassungsrechtliche Grenzen einer Reform des öffentlichen Dienstrechts, in: Forsthoff u. a. (III Anm. 3), S. 557 ff., 607 f. m. w. N.

[86] I. Richter, Die gesetzliche Regelung des Lehrerstatus, RdJB 1979, S. 250 ff. (254—59); A. Laaser, Wissenschaftliche Lehrfreiheit und Schule — Entwicklungsgeschichtliche Darstellung des Bedeutungswandels wissenschaftlicher Lehrfreiheit, Diss. Augsburg 1979.

direktiver Mitwirkung realisiert sind, müßte also auch bei einem Rekurs auf die „hergebrachten Grundsätze des Berufsbeamtentums" berücksichtigt werden. Dies macht darüber hinaus auch deutlich, daß „Berufsbeamtentum" und „Berufs-Beamter" keine Begriffe mit genau definierten Merkmalen, einem sicher bestimmbaren Kreis von (Begriffs-) Kandidaten, sondern extrem vage Begriffe sind, denen verschiedene Gruppen von Bediensteten nur in unterschiedlich starker Intensität zugeordnet werden können[87]. Dementsprechend sind auch für andere Beamtengruppen bereichsspezifische hergebrachte Grundsätze des Berufsbeamtentums anerkannt[88].

d) Art. 33 Abs. 5 GG
und die Fortentwicklung des Dienstrechts

Selbst wenn man also das Hierarchieprinzip in die hergebrachten Grundsätze inkorporieren wollte, stände es einer Fortentwicklung hin zur Mitwirkung in besonderen Bereichen, in denen das Hierarchieprinzip nur eingeschränkt sachlich gerechtfertigt und tatsächlich durchführbar ist, nicht entgegen. Ist deshalb auch die Mitwirkung bei der Bestellung von Dienststellenleitern gerade in den Bereichen personaler Dienstleistungen zulässig, so dürfte dies auch für die damit verbundene Bestellung auf Zeit gelten[89], zumal das Beamtenrecht hier mit dem Beamtenverhältnis auf Zeit und der Funktionsübertragung auf Zeit (§ 55 Abs. 3 Bundesbesoldungsgesetz) schon traditionell Ausnahmen kennt und der auf Zeit gewählte Beamte ja grundsätzlich Beamter auf Lebenszeit bleibt und nur eine höhere Funktion auf Zeit erhält[90].

---

[87] So, allerdings in einer anderen Terminologie (kein abstrakt-allgemeiner Begriff, sondern ein „Typus" im Sinne der Dogmatik von Larenz, Methodenlehre der Rechtswissenschaft, 3. Aufl. 1975, S. 443 ff.): Isensee (II Anm. 1), S. 53 ff.; Schnapp, Beamtenstatus und Streikrecht, 1972, S. 47 ff.

[88] So werden gewisse Differenzierungen bei Richtern und Hochsschullehrern vorgenommen, vgl. Lecheler (III Anm. 74), S. 378 ff. m. w. N. Vgl. auch Maunz / Dürig / Herzog / Scholz (III Anm. 77), Rdnr. 53 zu Art. 33 BVerfGE 56, S. 146 ff., 162.

[89] Zur Übertragung von Spitzenpositionen auf Zeit vgl. das Minderheitsvotum der Studienkommission (II Anm. 12), S. 240 ff., Nr. 522 ff., S. 288 ff., Nr. 675 ff. sowie generell das Aktionsprogramm zur Dienstrechtsreform des Bundesministers des Innern, 1976, S. 19.

[90] Andere Bedenken treten deshalb in den Hintergrund, vgl. Böhmer / Pfeifer (III Anm. 73) im Gegensatz zu Leisner (III Anm. 73), passim, insbes. S. 13—26, 29—35 sowie Schwandt, Übertragung von Beförderungsämtern auf Zeit aus verfassungsrechtlicher Sicht, ZBR 1978, S. 205 ff.

5. Grundrechtliche Freiheitssicherung
und Mitwirkung der Bediensteten

In der Diskussion um die Mitbestimmung im öffentlichen Dienst wird auf die Grundrechte der Bediensteten aus Art. 1/2 und 12 GG meist nur am Rande eingegangen[91], während die gleichen Grundrechte in der Auseinandersetzung um die Mitbestimmung im Unternehmen in der Literatur oft eine entscheidende Rolle gespielt haben[92] und das Bundesverfassungsgericht[93] aus ihnen zwar keinen Regelungsauftrag zur Einführung der Unternehmensmitbestimmung für den Gesetzgeber abgeleitet, jedoch in ihnen eine Verstärkung der Befugnisse des Gesetzgebers gesehen hat, die Sozialbindung des Privateigentums zu konkretisieren und auszugestalten. Lehnt man z. B. — mit guten Argumenten (s. oben III 1 c, dd) — die rechtsdogmatische Ableitung des arbeitsrechtlichen Direktionsrechts aus der Natur der Sache oder dem Wesen des Einzelarbeitsvertrags ab, so gewinnen auch in diesem Bereich die Grundrechte (insbesondere Art. 9 Abs. 3 GG) als Struktur- und Organisationsprinzipien individueller Freiheit selbst für die reine Amtstätigkeit oder Aufgabenerfüllung an Bedeutung[94].

a) Die Geltung der Grundrechte
im Bereich der amtlichen Tätigkeit

aa) Ob die Grundrechte generell für die Amtstätigkeit der Beschäftigten wie gar für die organisatorische Ausgestaltung dieser Amtstätigkeit Geltung beanspruchen können, ist umstritten. Soweit dieses Problem überhaupt diskutiert wird, gehen mehrere Autoren[95] davon aus, daß es Grundrechtspositionen bei der eigentlichen Amtsführung nicht geben kann. Hingewiesen wird dabei vor allem auf die inhaltliche demokratische Legitimation der Amtsführung, der gegenüber die Frei-

---

[91] Ausführlich vor allem bei Püttner (I Anm. 1), S. 88 ff.; Damkowski (II Anm. 2), S. 2 ff.; Feindt (II Anm. 3), S. 354; nur angedeutet bei Lecheler (III Anm. 3), S. 3; sowie insbes. im kulturellen Bereich Oppermann, Gutachten zum 51. Dt. Juristentag, 1976, S. C 38 f., 82 f.; Schmitt Glaeser (I Anm. 25), S. 179 ff., 262.

[92] Naendrup, Einleitung II, Mitbestimmung und Verfassung, in: GK-Mitbestimmungsgesetz, 1977, S. 18, Rdnr. 28 m. w. N.

[93] BVerfGE 50, S. 280 ff., 349.

[94] So Haug (III, Anm. 47), S. 151 f.; vgl. auch E. Stein, Die Wirtschaftsaufsicht, 1967, S. 41 ff.

[95] Vgl. hierzu Schnapp, Amtsrecht und Beamtenrecht, 1977, S. 119 ff. und S. 211 ff.; Rupp (III Anm. 102), S. 161 ff., 187 f.; Roellecke, Verfassungstreue und Schutz der Verfassung, DÖV 1978, S. 457 ff., 462; Erichsen, Die Umsetzung von Beamten, DVBl. 1982, S. 95 ff. m. w. N. auch zur Gegenmeinung in Anm. 60, S. 99. A. A. vor allem: Rottmann, Grundrechte und Rechtsschutz im Beamtenverhältnis, ZBR 1983, S. 77 ff., 81 f. m. w. N.

heitssicherung und die inhaltliche Einflußnahme auf die allgemeine Beteiligung am demokratischen Willensbildungsprozeß beschränkt seien. Die Grundrechte würden nur *gegenüber* staatlicher Herrschaft gelten, *nicht innerhalb der Ausübung staatlicher Herrschaft* und gäben keinen Anspruch auf staatliche Herrschaft. Seinen prägendsten Ausdruck hat dies in der Unterscheidung zwischen der Rechtstellung der Beamten als Person mit eigenen Rechten („Dienst- bzw. Grundverhältnis") und als Amtswalter („Amts- bzw. Betriebsverhältnis") gefunden, wonach der Beschäfigte im Amts- bzw. Betriebsverhältnis keine „eigenen" Rechte hat[96].

Diese Vorbehalte gehen von der Grundstruktur der Grundrechte als individueller, subjektiver Abwehrrechte gegen den Staat aus, wie sie auch vom Grundgesetz zugrunde gelegt wird[97]. Gegenüber staatlichen Eingriffen und Regelungen sollen individuell beherrschte und gestaltete Bereiche gesichert werden. Eine Freiheitsbeeinträchtigung durch den Staat droht aber nicht nur in der „Außenbeziehung" der Bürger zum Staat, sondern auch dort, wo der Staat gegenüber den bei ihm abhängig beschäftigten Bürgern hoheitliche Organisationsmacht entfaltet. Aus dem Verständnis der Grundrechte als Abwehrrechte folgt also nicht zwingend, sie nur auf die „Außenbeziehung" zu beschränken. Dies läßt sich nur mit der traditionellen Lehre von der Impermeabilität der staatlichen Organisation, d. h., daß es innerhalb der staatlichen Organisation keine Rechtsbeziehungen und selbständigen Rechte gibt, rechtfertigen. Ihr entspricht ebenfalls die traditionelle Lehre vom besonderen Gewaltverhältnis, wonach die Grundrechte für die Beschäftigten des öffentlichen Dienstes, speziell die Beamten, im Amt keine und außerhalb des Amtes nur eine beschränkte Geltung beanspruchen können.

bb) Da es hier um Fragen der inneren Staatsverwaltung geht, ist für die Wirkungsweise grundrechtlicher Gewährleistungen zu unterscheiden:

(1) Soweit es sich um die personelle und soziale Mitbestimmung nach dem Personalvertretungsrecht handelt, hat vor allem E. Stein[98] in der Auseinandersetzung um die Novellierung des Bundespersonalvertretungsgesetzes herausgearbeitet, daß dabei nicht die Realisierung des staatlichen, demokratisch gebildeten Willens durch Verwaltungshandeln

---

[96] Schnapp (III Anm. 95), S. 119 ff. m. w. N.

[97] Vgl. dazu Böckenförde, Grundrechtstheorie und Grundrechtsinterpretation, NJW 1974, S. 1529 ff.; Ossenbühl, Die Interpretation der Grundrechte in der Rechtsprechung des Bundesverfassungsgerichts, NJW 1976, S. 2101 ff.; Hesse, Bestand und Bedeutung der Grundrechte in der Bundesrepublik Deutschland, EuGRZ 1978, S. 427 ff., 430/31; H.-P. Schneider, Eigenart und Funktion der Grundrechte im demokratischen Verfassungsstaat, in: Perels (Hrsg.), Grundrechte als Fundament der Demokratie, 1980, S. 11 ff.

[98] Vgl. III Anm. 1, S. 227/8.

nach Außen in Frage steht, sondern die interne, arbeits- und beamtenrechtliche Abhängigkeit des Arbeitnehmers als Glied in der arbeitsteiligen Großorganisation der Verwaltung, das sogenannte Grund- bzw. Dienstverhältnis, in dem auch nach herrschender Meinung der Bedienstete Träger eigener Rechte ist. Hier verstärken die Grundrechte aus Art. 1, 2 und 12 GG wie das Sozialstaatsprinzip[99] die Kompetenz des Gesetzgebers, den Bediensteten durch Einführung von Mitbestimmungsregelungen individuelle Selbstverwirklichung und sozialen Schutz zu gewährleisten.

(2) Ein Konflikt mit den Strukturprinzipien der Verwaltung in der parlamentarischen Demokratie tritt deshalb nicht so sehr bei der Mitwirkung nach dem Personalvertretungsrecht, sondern erst dort auf, wo es um die Frage nach der grundrechtlichen Verstärkung gesetzgeberischer Spielräume zur Einführung von fachlich-direktiver Mitwirkung geht.

Soweit behauptet wird, in diesem Bereich würden die Grundrechte nicht oder nur eingeschränkt gelten, geht man von rechtlichen wie empirischen Prämissen aus, die nicht überzeugen können. Unter rechtlichen Aspekten ist es zwar zutreffend, daß ein wesentliches Element der Freiheitssicherung die Teilhabe am allgemeinen demokratischen Willensbildungsprozeß und damit auch die möglichst ungehinderte Realisierung des demokratisch gebildeten politischen Willens ist. Nur wurde schon oben (III, 1) darauf verwiesen, daß hierfür eine vollständige Abhängigkeit und Weisungsgebundenheit der Amtswalter unter rechtlichen und tatsächlichen Aspekten nicht geboten ist. Zudem gelten die Grundrechte — als Ergänzung und Fundierung des Prinzips demokratischer, staatlicher Willensbildung — auch gegenüber dem demokratischen Staat, und zwar allgemein und grundsätzlich. Gerade wenn heute anerkannt ist, daß neben dem Problem der Freiheitssicherung der Individuen *gegenüber* Organisationen das Problem der Freiheitssicherung *in* Organisationen zunehmend an Bedeutung gewinnt, ist nicht erklärlich, weshalb die individuelle Freiheit im öffentlichen Dienst gar nicht bzw. nur in einer Dimension der Organisationszugehörigkeit, im sogenannten Dienst- und Grundverhältnis, gefährdet sein soll und

---

[99] So zur Mitbestimmung im Privatunternehmen: Däubler, Das Grundrecht auf Mitbestimmung, 1973, S. 129 ff., 155 ff.; Schwerdtfeger, Unternehmerische Mitbestimmung der Arbeitnehmer in verfassungsrechtlicher Sicht, 1972, S. 174 ff.; Mitbestimmungskommission (II Anm. 21), S. 56 f. Kübler / Schmidt / Simitis, Mitbestimmung als gesetzgebungspolitische Aufgabe, 1978, S. 80/81. BVerfGE 50, S. 290 ff. (349). Zur Mitbestimmung im öffentlichen Dienst vgl. Damkowski (II Anm. 1), S. 2/3 m. w. N. Großmann / Mönch / Rohr (III Anm. 56), Einführung, Rdnr. 93 ff.; Püttner (I Anm. 1), S. 88 ff.; BVerfGE 28, S. 314 ff., 323; BVerfGE 51, S. 43 ff., 58 („wurzeln im Sozialstaatsgedanken und gehen auf Vorstellungen zurück, die auch den Grundrechtsverbürgungen der Art. 1, 2 und 5 Abs. 1 zugrunde liegen").

rechtlichen Schutzes und rechtlicher Ausdifferenzierung bedarf. Dort, wo zur Sicherung der Grundrechte organisatorische Vorkehrungen notwendig sind, können sie nicht vor Amtsverhältnissen halt machen — allenfalls könnte ihre Wirkungskraft hier eingeschränkt sein.

Deutlich wird dies Problem auch an dem Versuch der Rechtsprechung, die Unterscheidung zwischen jenem Bereich der Dienststellung, in dem der Beamte Träger eigener Rechte ist, und jenem Bereich, in dem er solche Rechte nicht hat, dem rein amtlichen Bereich, aufrecht zu erhalten. Da anerkannt wird, daß der Beamte auch im rein amtlichen Bereich schutzbedürftig ist, werden ihm hier ebenfalls Abwehrpositionen zugestanden. Dies geschieht insbesondere an der Nahtstelle beider Bereiche, der Umsetzung, die nach herrschender Meinung[100] Die Zuweisung neuer Dienstgeschäfte ohne Veränderung der individuellen dienstrechtlichen Stellung bedeutet. Gegen sie vermag sich der Beamte zu wehren, wenn sie „unzumutbar" ist und seine Interessen grob verletzt[101] — alles Formeln, die an sich auf die Existenz von Rechten (= rechtlich geschützte Interessen) hinweisen.

(3) Auch unter tatsächlichen Aspekten kann der Begründung für die (Grund-)Rechtslosigkeit des Amtswalters nicht gefolgt werden. Dabei wird zu sehr auf die rein abstrakte „Handlungsfähigkeit" des Staates und die Funktion der Verwaltung, vorgegebene Aufgaben und Handlungsaufträge durchzuführen, abgestellt. Diese Ansicht geht also gleichsam von einer administrativen Impermeabilität aus. Wie die neuere Organisations- und Verwaltungswissenschaft an der klassischen Bürokratie zu Recht kritisiert hat[102], sie würde die personelle Basis der Handlungsfähigkeit der Bürokratie, den „subjektiven Faktor", vernachlässigen, so ist dieser Einwand auch gegen das klassische Modell der hierarchisch-bürokratischen Verwaltung zu richten. Hier von einer rein instrumentellen Funktion des Personals auszugehen, entspricht weder der Realität, da auch bei den Beschäftigten unterhalb der Leitungsebene erhebliche Handlungs- und Entfaltungsspielräume bestehen (s. o. II, 3, 4), noch entspricht es dem Grad schon erreichter interner rechtlicher Ausdifferenzierung. So ist oben (II, 2, 3, 4) dargestellt worden,

---

[100] Zum Unterschied zwischen Umsetzung und Abordnung sowie zur rechtlichen Überprüfung der Umsetzungsentscheidungen vgl. BVerwGE v. 12. 2. 1981, DVBl. 1981, S. 495; BVerwGE 60, S. 144 ff. = Buchholz 232, § 66 BBG Nr. 20. Vgl. hierzu Thiele, Versetzung, Abordnung und Umsetzung eines Beamten, DÖD 1981, S. 69 ff. Die Versetzung entspricht der Abordnung bis auf den Zeitfaktor: sie ist auf Dauer, die Abordnung vorübergehend.

[101] Aus der Rechtsprechung vgl. zuletzt BVerwGE 60, S. 144 ff. (Umsetzung) und NVwZ 1982, S. 103 ff. (Änderung des Aufgabenbereichs). Dazu Erichsen (III Anm. 95) und Battis, NVwZ 1982, S. 87 f.; Menger, Zur Rechtsnatur und verwaltungsgerichtlichen Überprüfbarkeit beamtenrechtlicher Umsetzungen, VerwArch. 1981, S. 149 ff.

[102] Vgl. oben, II Anm. 65, 66, 67.

daß eine fachlich-direktive Mitwirkung die Effektivität und die Effizienz der Verwaltung nicht zu beeinträchtigen braucht, wenn man die unterschiedlichen Anforderungen der Entscheidungssituationen und Aufgabentypen beachtet und wesentliche Elemente der parlamentarischen Verantwortung und Legitimation der Verwaltung gewahrt bleiben.

cc) Da keine allgemeinen verfassungsrechtlichen und grundrechtsdogmatischen Gründe die Geltung von Grundrechten im Amtsbereich zu rechtfertigen vermögen, fragt sich, ob spezielle Grundrechtsschranken für die öffentlichen Bediensteten in ihrer Amtstätigkeit bestehen. Nachdem die Theorie des Grundrechtsverzichts im privaten Arbeits- wie im öffentlichen Dienstverhältnis aus grundsätzlichen verfassungsrechtlichen Erwägungen (insbesondere Art. 1 Abs. 3 GG) kaum noch vertreten wird[103], werden die erheblichen Grenzen der Grundrechte der Beamten zum Teil in der verfassungsrechtlich gewährleisteten „Institution des Berufsbeamtentums" bzw. des öffentlichen Dienstes (Art. 33 Abs. 4 und 5 GG), vor allem aber in der Funktionsfähigkeit der öffentlichen Verwaltung gesehen.

In beiden Fällen werden generelle, immanente Grundrechtsschranken der Beamten postuliert. Die Konstruktion solcher immanenten Grundrechtsschranken[104] ist bis heute grundrechtsdogmatisch nicht befriedigend geklärt. Denn solche immanenten Grundrechtsschranken setzen sich einmal völlig über die im Grundgesetz selbst positivierte, sehr differenzierte und bereichsspezifische Schrankensystematik hinweg. Zum anderen können immanente Grundrechtsschranken angesichts des absoluten Geltungsanspruchs der Grundrechte (Art. 1 Abs. 3 GG) nicht zu einem völligen Ausschluß der Grundrechte führen; vielmehr sind erst Regeln über den Ausgleich und die Vereinbarkeit zwischen Zwecken, die über die sogenannten immanenten Grundrechtsschranken normativ freiheitsbeschränkend sanktioniert werden sollen, einerseits und den Grundrechten andererseits zu finden. Dabei ist nach dem Verhältnismäßigkeitsprinzip die Geeignetheit und Erforderlichkeit der Schrankenziehung zu berücksichtigen. Da es aber objektive, allgemein verbindliche Regeln über die Vorzugswürdigkeit zwischen kollidierenden verfas-

---

[103] Spätestens seit Schick, Der Beamte als Grundrechtsträger, ZBR 1963, S. 67 ff. (69 f.) und Thieme, Meinungsfreiheit und Beamtenrecht, in: Koalitions- und Meinungsfreiheit der Beamten, 1964, S. 18 ff., allgemeine Meinung. Vgl. Schrödter (III Anm. 126), S. 97 ff.; Wiese, Der Staatsdienst in der Bundesrepublik Deutschland, 1972, S. 120 ff. Rottmann (III Anm. 75), S. 228/9, dort auch zu einer modifizierten Verzichtslehre Wieses.

[104] Vgl. Rottmann (III Anm. 75), S. 183 ff., 195 ff.; Schnapp, Die Grenzen der Grundrechte, JuS 1978, S. 729 ff.; v. Pollern, Immanente Grundrechtsschranken — eine Bestandsaufnahme, JuS 1977, S. 644 ff.; Wipfelder, ungeschriebene und immanente Schranken der Grundrechte, BayVbl. 1981, S. 417 ff., 457 ff., alle m. w. N.

sungsrechtlich anerkannten Zwecken und die Rangfolge unter ihnen nicht gibt[105], das Grundgesetz selbst nur in wenigen Fällen eindeutige inhaltliche Prioritätsentscheidungen enthält, sind sogenannte immanente Grundrechtsschranken oft nichts anderes als Hinweise auf grundgesetzlich anerkannte Gestaltungsspielräume für jene Instanz, die die Schranken im einzelnen zu ziehen hat, den Gesetzgeber und im Bereich der Verwaltungsorganisation auch den Inhaber der Organisationsgewalt. Das verweist wieder auf den hier zugrundegelegten Ausgangspunkt: Es gilt jene Spielräume festzulegen, die der Gesetzgeber bzw. die Verwaltungsspitze bei der Einführung von Formen fachlich-direktiver Mitwirkung in der öffentlichen Verwaltung haben.

Bestätigt wird dies durch eine nähere Analyse der normativen Relevanz dieser beiden immanenten Schranken für die Grundrechte der Beschäftigten des öffentlichen Dienstes.

(1) Die „Institution" des Berufsbeamtentums, d. h. verfassungsrechtlich, die „hergebrachten Grundsätze des Berufsbeamtentums" in Art. 33 Abs. 5 GG, stehen einer Mitbestimmung im öffentlichen Dienst nicht entgegen, da sie für den Bereich der amtlichen Tätigkeit selbst keine normativen Vorgaben machen (s. oben III, 4); zudem müßten diese Grundsätze selbst auch wieder mit den Grundrechten der Beamten abgestimmt werden[106].

(2) Zum Teil wird zur Konkretisierung der Schranken, die sich aus der „Institution des Berufsbeamtentums" ergeben sollen, auch direkt auf Art. 33 Abs. 4 GG zurückgegriffen[107]. Aus ihm soll folgen, daß innerhalb des öffentlichen Dienstes zumindest das Beamtenverhältnis eine besonders intensive Bindung an den Dienstherrn begründet, die die Grundrechte erheblich einschränken und vor allem selbständige Verhandlungsrechte und ein Streikrecht ausschließen soll und die auch einer fachlich-direktiven Mitwirkung der Beamten entgegenstehen würde.

So weitreichende Konsequenzen lassen sich aus dem sehr vagen Begriff des „öffentlich-rechtlichen Dienst- und Treueverhältnis" in Art. 33 Abs. 4 GG nicht ziehen. Schon der Zusammenhang von Art. 33 Abs. 4 mit Art. 33 Abs. 5 GG weist darauf hin, daß das „öffentlich-recht-

---

[105] Vgl. ausführlich Schlink, Abwägung im Verfassungsrecht, 1976, S. 127 ff.

[106] Wiese (III Anm. 108), S. 105; ders. (III Anm. 77), S. 9, 27; ähnlich zum Verhältnis Art. 21 zu Art. 33 Abs. 5 GG das Sondervotum Rupp zu BVerfGE 39, S. 334 ff. (378 f.).

[107] Vgl. hierzu Wiese (III Anm. 77), S. 23 ff., 39/40; Rottmann (III Anm. 95), beide m. w. N.; Thieme (III Anm. 3), S. 331 ff.; Scholz, Öffentliche Amtsverfassung — private Arbeitsverfassung, in: Leisner (Hrsg.), Das Berufsbeamtentum im Demokratischen Staat, 1975, S. 182 ff.; Lecheler, Die Treuepflicht des Beamten, Leerformel oder Zentrum der Beamtenpflichten, ZBR 1972, S. 228 ff.

liche Dienst- und Treueverhältnis" in Art. 33 Abs. 4 GG durch die „hergebrachten Grundsätze des Berufsbeamtentums" in Art. 33 Abs. 5 GG näher bestimmt werden soll. Bei der Transformation dieser hergebrachten Grundsätze steht dem Gesetzgeber jedoch ein weiter Spielraum zu. Deshalb hat der Begriff des „öffentlich-rechtlichen Dienst- und Treueverhältnisses" in Art. 33 Abs. 4 GG von Verfassungs wegen keinen festen Begriffsinhalt, sondern ist für eine Modifizierung durch den Gesetzgeber, die auch die Grundrechte der Beschäftigten berücksichtigt, offen.

Dies Ergebnis wird auch durch die Entstehungsgeschichte des Art. 33 Abs. 4 GG bestätigt. Bei der Diskussion im parlamentarischen Rat[108] wählte man die Bezeichnung „öffentlich-rechtliches Dienst- und Treueverhältnis" nach vielfältigen Formulierungsversuchen nur, um den Begriff „Berufsbeamte" zu umschreiben. Wie diese Institution näher auszugestalten ist, ergibt sich deshalb allein aus Art. 33 Abs. 5 GG. Zudem erweiterte der Redaktionsausschuß die erste Formulierung „öffentlich-rechtliches Treueverhältnis" zur Formulierung „öffentlich-rechtliches Dienst- und Treueverhältnis" mit der Begründung, in einem Treueverhältnis zum Staat ständen auch die Angestellten und sogar ein jeder Bürger. Die Treuepflicht sollte also gerade keine besondere Bindung der Beschäftigten des öffentlichen Dienstes verfassungsrechtlich festschreiben.

(3) Dagegen betrifft die Schranke der „Funktionsfähigkeit des öffentlichen Dienstes"[109] gerade den hier interessierenden Bereich der amtlichen Tätigkeit. Diese Schranke läßt sich auch aus der Verfassung entnehmen: Sie gründet sich in der verfassungsrechtlichen Einordnung der Verwaltung in das System der parlamentarischen Demokratie (Art. 20 Abs. 3 GG). Das Gebot der Funktionsfähigkeit des öffentlichen Dienstes und damit der öffentlichen Verwaltung kann aber nicht eine allgemeine Schranke der Grundrechte bilden. So stellt es auch Art. 33 Abs. 4 GG nur auf bestimmte Aufgaben der öffentlichen Verwaltung ab. Zudem ist die Funktionsfähigkeit der öffentlichen Verwaltung ein viel zu allgemeiner Begriff. Ihn als generell und undifferenzierte Grundrechtsschranke zu nehmen, liefe auf einen allgemein politischen (Gemeinwohl- bzw. Demokratie-)Vorbehalt der Grundrechte bzw. die Wiederbelebung der gerade dogmatisch überwundenen Lehre vom besonderen Gewaltverhältnis hinaus. Eine Schranke der Funktionsfähigkeit der öffentlichen Verwaltung muß deshalb einmal bereichsspezifisch differenziert

---

[108] Vgl. Jahrbuch des öffentlichen Rechts, N. F. Bd. 1, S. 317 (Laforet), S. 323 (Anm. zur Vorlage des allgemeinen Redaktionsausschusses, die dann auch Gesetz wurde), S. 322.

[109] Vgl. BVerfGE 39, S. 334 (366 f.); Wiese (III Anm. 77), S. 23 ff.; Schnapp (III Anm. 95), S. 276 ff.; Thieme (III Anm. 3), S. 387 ff.

werden[110] und zum anderen konkretere Maßstäbe für die unerläßlichen Voraussetzungen zum Funktionieren der öffentlichen Verwaltung entwickeln[111]. Eine solche bereichsspezifische Differenzierung der Grundrechtsschranken je nach Tätigkeitsfeldern der Beamten hat das Bundesverfassungsgericht[112] auch explizit befürwortet.

Zudem gilt es auch hier, die Schranke „Funktionsfähigkeit des öffentlichen Dienstes", wie alle Schranken der Grundrechte, wiederum an dem Grundrecht der Beschäftigten zu messen, denn die Erledigung von Verwaltungsaufgaben geschieht im Interesse aller Bürger und kann — bis auf gesetzlich genau vorgesehene Ausnahmen — nicht auf Kosten der Grundrechte anderer Bürger, hier der Beschäftigten des öffentlichen Dienstes, erfolgen. Grundsätzlich ist es deshalb nicht möglich, auch bei der Amtstätigkeit durchgängig von einem Vorrang der politischen Organisationsprinzipien und der öffentlichen Aufgabe der Verwaltung gegenüber den Grundrechten der Beschäftigten des öffentlichen Dienstes auszugehen; beide müssen vielmehr miteinander abgestimmt werden.

Der herrschenden Meinung kann also insoweit gefolgt werden, als sie den Bereich der rein amtlichen Tätigkeit aussondert; dies findet seinen Sinn allerdings nicht darin, mit der herrschenden Meinung die Zone ausgeschlossener Grundrechtsgeltung zu umschreiben, sondern um jenen Bereich zu kennzeichnen, in dem der Gesetzgeber bzw. der Inhaber der administrativen Organisationsgewalt den von der Verwaltungsfunktion her erforderlichen und geeigneten Gesichtspunkten Vorrang gegenüber der Geltung der Grundrechte verschaffen kann.

dd) Neuerdings hat Rottmann[113] versucht, eine weitere Lösung des Problems der Geltung von Grundrechten im Beamtenverhältnis zu entwickeln. Er geht wie hier davon aus, daß die Grundrechte auch im Bereich der dienstlichen Tätigkeit Geltung beanspruchen können. Er versucht dies mit der Funktionsfähigkeit des öffentlichen Dienstes verfahrensmäßig zu vereinbaren: Wehrt sich der Beamte gegen dienstliche Anordnungen mit Rechtsmitteln, so hätten diese grundsätzlich keine aufschiebende Wirkung. Zum anderen haben seiner Ansicht nach zwar alle Grundrechte Geltung gegenüber der amtlichen Tätigkeit, bei der Konkurrenz mehrerer Grundrechte wären jedoch alle, auch die „stärke-

---

[110] Insoweit vgl. Wiese (III Anm. 103), S. 108, 115; Schnapp (III Anm. 95), S. 276 ff.

[111] Vgl. auch die kritische Analyse des Rechtssprechungstopos des „Funktionierens öffentlicher Einrichtungen" bei Fischer, Funktionieren öffentlicher Einrichtungen — ein Verfassungsmaßstab?, DVBl. 1981, S. 517 ff.

[112] BVerfGE 19, S. 303 ff., 322.

[113] Vgl. (III Anm. 75), S. 226 ff., z. T. unter Rückgriff auf Podlech, Das Grundrecht der Gewissensfreiheit und die besonderen Gewaltverhältnisse, 1969, S. 44 ff., 115 ff. Vgl. auch ders., ZBR 1983 (III Anm. 95).

ren" Grundrechte der Bediensteten nach Maßgabe der weitgehenden Schranken des Art. 12 Abs. 1 begrenzbar („Präferenz des Umfangminimums"). Dieser Vorrang der Schranken des Art. 12 Abs. 1 GG gegenüber anderen Grundrechten wird damit begründet, daß Art. 33 Abs. 2 und 4 GG gerade die fachlich-berufliche Qualifikation und besondere Bindung der Beamten betonten.

Soweit damit im Ergebnis über Art. 12 Abs. 1 Satz 2 GG der Spielraum des Gesetzgebers betont wird, ist dem zuzustimmen. Jedoch vermögen die Argumente aus Art. 33 Abs. 2, 4 GG nicht ganz zu überzeugen. Art. 33 Abs. 2, 4 GG betonen zwar die Treuebindung und die Bedeutung der fachlichen Qualifikation; die besondere Inpflichtnahme der öffentlichen Bediensteten ist damit in diesen Normen zwar vorausgesetzt, jedoch nicht näher konkretisiert und begründet. Sie ergibt sich erst aus den allgemeinen Normen über die Bindung der Verwaltungstätigkeit im System der parlamentarischen Demokratie. Art. 33 Abs. 2 und 4 GG sind allerdings insoweit relevant, als sie gerade die Bedeutung der Natur der jeweiligen Verwaltungsaufgabe hervorheben: Art. 33 Abs. 4 GG mit der Bindung des Beamtenmonopols an bestimmte Aufgaben („hoheitliche Aufgaben") und Art. 33 Abs. 2 mit der Betonung der Befähigung und fachlichen Leistung, die sich nur auf konkrete Verwaltungsfunktionen beziehen können.

b) Die objektiv-rechtliche Dimension der Grundrechte als Direktive zur Gestaltung der Verwaltungsorganisation

Bei der Begründung von Mitwirkungsformen aus den Grundrechten der Bediensteten geht es jedoch nicht um den typischen Konflikt zwischen Staatsgewalt und Bürger, sondern um die innerorganisatorische Differenzierung der Staatsverwaltung selbst. Dies erfordert eine problemspezifische Präzisierung der Geltungsmodalitäten der Grundrechte.

aa) Bezieht man die Grundrechte auf den staatlichen Amtsbereich, so geht es hierbei nicht um die Ausgrenzung individuell verfügbarer Freiheitsbereiche, sondern um den heute zunehmend anerkannten Aspekt, die grundrechtliche Freiheit dadurch abzusichern, daß die Ausübung der Grundrechte organisatorisch und verfahrensmäßig gewährleistet wird[114]. Da dies eine kollektiv-organisatorische Zuordnung verschiedener Grundrechtsträger, und bei der Mitwirkung im öffentlichen

---

[114] Zu ihr allgemein: Häberle, Grundrechte im Leistungsstaat, VVDStRL 30, 1972, S. 86 ff.; Starck, Staatliche Organisation und staatliche Finanzierung als Hilfen zur Grundrechtsverwirklichung?, in: Starck (Hrsg.), Bundesverfassungsgericht und Grundgesetz, Bd. 2, 1976, S. 480 ff.; Steinberg (II Anm. 16), S. 264 ff.; Hoffmann-Riem, Die grundrechtliche Freiheit der arbeitsteiligen Berufsausübung, in: Festschrift für Ipsen, 1977, S. 385 ff., alle m. w. N.; explizit auch BVerfGE 50, S. 290 ff., 351/2.

Dienst, eine Abstimmung mit den oben analysierten Strukturprinzipien der Verwaltung in der parlamentarischen Demokratie erfordert, ist dies vor allem Aufgabe des Gesetzgebers. Es geht deshalb vorrangig nicht um die Begründung eines individuellen subjektiven und etwa gar einklagbaren Rechts auf Mitbestimmung, d. h. ein Recht zur konkreten, inhaltlichen und über die allgemeine politische Teilhabe hinausgehenden Mitgestaltung der Amtsaufgabe. Denn dies käme einer „Refeudalisierung" der öffentlichen Verwaltung gleich. Auch würde dadurch die objektiv-rechtliche, strukturgestaltende Dimension der Grundrechte verkürzt, die die komplizierte Aufgabe des Gesetzgebers und der Verwaltungsspitze, geeignete, die Freiheit der Bürger wie auch die Freiheit der Beschäftigten sichernde Formen des Personaleinsatzes, der Organisation und des Verfahrens zu finden, inhaltlich dirigieren, nicht aber durch subjektive Rechte inhaltlich okkupieren und festlegen soll. Im Zentrum steht die Kennzeichnung von Regelungsspielräumen des Gesetzgebers, die durch die Grundrechte verstärkt und erweitert (so das Bundesverfassungsgericht im Mitbestimmungsurteil)[115], u. U. sogar vorprogrammiert und auf Mindestinhalte festgelegt werden können (so das Bundesverfassungsgericht im Niedersächsischen Hochschulurteil)[116].

Die Grundrechte müssen ihre Funktion, als individuelle subjektive Rechte privat verfügbare Lebensräume auszugrenzen und einklagbare subjektiv-öffentliche Rechte zu begründen, ändern, wenn sie Geltung beanspruchen für die arbeitsteilige Organisation der öffentlichen Verwaltung, den Ausgleich von Konflikten zwischen verschiedenen Grundrechtsträgern wie zwischen den Grundrechten der Beschäftigten und den verfassungsrechtlich garantierten Zielen und grundlegenden Funktionsmodi der Verwaltung (Art. 20 Abs. 2, 3 GG). Angesichts der weitgehenden Gestaltungsbefugnisse des Gesetzgebers wie des Inhabers der administrativen Organisationsgewalt bei der optimalen Lösung solcher Konflikte werden die Grundrechte zu objektiv-rechtlichen, programmatischen Normen[117], die Vorgaben für die Koordination

---

[115] BVerfGE 50, S. 290 ff., 349.

[116] BVerfGE 35, S. 79 ff.; dazu Starck (III Anm. 98), S. 502 f. Das Bundesverfassungsgericht leitet hier aus dem Teilhaberecht jedoch eine bedenklich weitgehende Konkretisierung von Mitwirkungsrechten ab, siehe die Kritik des Minderheitsvotums der Richter Dr. Simon und Rupp von Brünneck, ebd., S. 148 ff.

[117] Zu diesem Transformationsprozeß umfassend rechts- und grundrechtstheoretisch: U. K. Preuß, Die Internalisierung des Subjekts, 1979, S. 86 ff., 147 ff., 189 ff., 199 ff. Daß diese Objektivierung der Grundrechte ihre Geltungskraft (allerdings nur in dem hier angesprochenen Bereich) mindert, haben vor allem Böckenförde (III Anm. 98), S. 1534 f. und Grabitz, Freiheit und Verfassung, 1976, S. 218 ff., analysiert. Zur objektiv-rechtlichen Funktion der Grundrechte vor allem: Scheuner, Die Funktion der Grundrechte im Sozialstaat. Die Grundrechte als Richtlinien und Rahmen der Staatstätigkeit, DÖV 1971, S. 505 ff.; Rupp, Vom Wandel der Grundrechte, AöR 101, 1976,

von Individuen in Organisationen machen und die Richtlinien festlegen für die Abstimmung von personaler Autonomie in der Organisation der Verwaltung mit den der Verwaltung von der Allgemeinheit vorgegebenen Funktionen und Zielen. Zu Recht hat G. Hoffmann[118] darauf hingewiesen, daß es hierbei zwar einen großen Spielraum für den Gesetzgeber und dem Herrn der Organisation geben muß, daß die Grundrechte aber auch inhaltliche Standards zu setzen vermögen, um möglichst weitgehend personale Autonomie zu verwirklichen.

c) Personale Autonomie und Art. 12 GG

Allgemeiner Ansatzpunkt für eine grundrechtliche Legitimation des Ausbaus von Mitwirkungsrechten abhängig Beschäftigter im öffentlichen Dienst ist die Freiheit der beruflichen Betätigung gem. Art. 12 GG. Seine besondere Bedeutung erhält Art. 12 GG im öffentlichen Dienst auch dadurch, daß Art. 33 Abs. 2 GG für den Eintritt in den öffentlichen Dienst die individuelle Eignung, Befähigung und fachliche Leistung als maßgebliche Kriterien vorschreibt und damit die „Beruflichkeit" der Wahrnehmung von Verwaltungsaufgaben durch den öffentlichen Dienst besonders unterstreicht. Als Grundrecht der beruflichen Entfaltungsfreiheit ist Art. 12 GG speziell gegenüber den allgemeinen Freiheitsrechten aus Art. 1 und 2 GG.

Gerade bei Art. 12 GG hat das BVerfG im Mitbestimmungsurteil[119] den „personalen Kern" und d. h. die Bedeutung dieses Freiheitsrechts für die Entfaltung des Individuums im Arbeitsleben betont.

Dabei ist jedoch das Freiheitsproblem, der Sachbereich der Norm, für dessen Ausgestaltung Art. 12 GG normative Kraft entfalten soll, im Gegensatz zum Bundesverfassungsgericht umfassender zu sehen. Wie Gerd Hoffmann[120] in einer gründlichen Kritik an den empirischen und normativen Prämissen der Rechtsprechung des Bundesverfassungsgerichts und der ihr folgenden herrschenden Lehre zu Art. 12 GG deutlich macht, wird allgemein den rechtlichen Schlüsselbegriffen des Art. 12 GG wie Beruf, Berufsbild, Berufswahl und Berufsausübung ein Sozialmodell zugrunde gelegt, das von isolierten, gleichsam voraussetzungslosen und meist einmaligen Handlungen der Indi-

---

S. 161 ff., 175; Hoffmann-Riem (III Anm. 98), S. 385 ff., 388 f.; Müller / Pieroth / Fohmann, Leistungsrechte im Normbereich einer Freiheitsgarantie, 1982, S. 53 f., 83 f.

[118] Die objektiv-rechtliche Einwirkung der Berufsfreiheit auf arbeits-, sozial- und ausbildungsrechtliche Freiheitsprobleme, AÖR Bd. 107, 1982, S. 177 ff., 180 f., 210 f.

[119] BVerfGE 50, S. 290 ff., 362 f.

[120] Gerd Hoffmann, Berufsfreiheit als Grundrecht der Arbeit, 1981; ders., oben III Anm. 118.

viduen ausgeht. Stattdessen zeigen die sozialwissenschaftlichen Analysen der Berufssoziologie, daß Berufswahl und Berufsausübung sich nicht als ein abstrakt-individueller Bereich ausgrenzen lassen, sondern überhaupt erst in und durch soziale Beziehungen und in sozialen Institutionen konstituiert werden.

Soll Art. 12 GG normative Kraft entfalten, so gilt es, rechtlich geschützte und effektivierte Möglichkeiten subjektiver Entfaltung gerade in den gesellschaftlichen und staatlichen Institutionen der beruflichen Entwicklung und Existenz offen zu halten oder gar erst zu öffnen. In Kritik an der Berufsbildlehre[121] des Bundesverfassungsgerichts heißt das, daß der Gesetzgeber durch die Berufsbilder den Individuen keine festen beruflichen Rollen vorgeben kann, sondern auch dabei einen möglichst breiten Spielraum für individuelle berufliche Entfaltung und Pluralität gewähren muß. Bei der Berufsausübung geht es nicht allein um die Abwehr staatlicher Eingriffe in eine vorstaatlich gedachte, autonome berufliche Tätigkeit, wie sie noch nicht einmal bei den sogenannten selbständigen „freien Berufen" anzutreffen ist, sondern um die Erlangung und Entfaltung beruflicher Fähigkeiten gerade in der Normalität und Realität beruflicher Existenz in der Bundesrepublik. Das heißt Art. 12 GG muß normative Kraft vor allem für abhängig Beschäftigte in arbeitsteiligen Organisationen und in Kooperation mit anderen unter fremder Leitungsmacht entfalten. Hier muß sich berufliche Freiheit — soll sie überhaupt rechtliche und tatsächliche Relevanz haben — vor allem auf die Gestaltung der Arbeitsorganisation und des Arbeitsinhalts beziehen.

Wie oben (III, 4) schon dargelegt, bezieht sich Art. 33 Abs. 5 GG nicht auf die organisatorischen und inhaltlichen Aspekte der Beschäftigung im öffentlichen Dienst. Selbst aber wenn man Art. 33 Abs. 5 GG eine so umfassende Bedeutung geben wollte, bliebe zu beachten, daß Art. 33 Abs. 5 GG nur eine direktive Wirkung hat und die dabei vorhandenen Spielräume auch unter Berücksichtigung des Art. 12 GG zu konkretisieren wären. Von daher kann Art. 33 Abs. 5 GG weder allgemein noch speziell für die Organisation und den Inhalt der Verwaltungstätigkeit ein inhaltlich präzises, dem einzelnen Beschäftigten und seinem Grundrecht auf berufliche Freiheit vorgegebenes „Berufsbild" des Verwaltungsbediensteten entnommen werden[122].

---

[121] Dazu G. Hoffmann, 1981, S. 113 f. Vgl. auch die Kritik an der Berufsbildlehre bei Maunz / Dürig / Herzog / Scholz, Grundgesetz, Art. 12 Rdnr. 24 f.; Bachof, Freiheit des Berufs, in: Bettermann / Nipperdey / Scheuner, Die Grundrechte, Bd. 3, 1, 1958, S. 187 ff.
[122] Anderer Auffassung, allerdings in allgemeinerer Form, Wiese (III Anm. 77), S. 33/4.

Bei der Frage, inwieweit die Rechtstellung der Beschäftigten im Amtsbereich einerseits durch die Erforderlichkeit der Funktionsfähigkeit der öffentlichen Verwaltung und andererseits durch das Grundrecht der Beschäftigten gestaltet wird, ist vor allem danach zu differenzieren, wie stark der „subjektive Faktor" die Erledigung der Amtsgeschäfte prägt.

(1) Im *Bereich der personalen Dienstleistungen* erfaßt die Erledigung der Verwaltungsaufgabe stark allgemeine Persönlichkeitselemente des Beschäftigten selbst. Das vom öffentlichen Arbeitgeber anerkannte, gesellschaftlich konstituierte und oft gesetzlich sanktionierte „Berufsbild" beschränkt sich nicht auf den neutralen Vollzug vorgegebener Aufgaben, sondern drängt, wie oben dargelegt (II, 3), zu inhaltlich wie organisatorisch eigenständigem Arbeiten. Eine weitgehende Instrumentalisierung der Beschäftigten durch detaillierte, vorgegebene Arbeitsanweisungen und enge, hierarchische Anordnungsbefugnisse der Verwaltungsspitze würden die personale und berufliche Entfaltungsfreiheit beeinträchtigen, abgesehen davon, daß dieses kaum bzw. nur zu Lasten einer sachadäquaten Erledigung der Verwaltungsaufgabe zu verwirklichen wäre.

Staatliche Regelungen, die in diesem Bereich Organisationsformen und Verfahren entwickeln, die den Beschäftigten größere Handlungsspielräume wie auch Mitwirkungsbefugnisse bei der Konkretisierung und Durchführung der Aufgaben einräumen, lassen sich also auch von dem Grundrecht der Beschäftigten aus Art. 12 GG her legitimieren.

(2) Im Bereich der *sonstigen allgemeinen Staatsverwaltung* hat demgegenüber das Grundrecht aus Art. 12 GG hinsichtlich der fachlich-inhaltlichen Seite der Tätigkeit weniger Relevanz. Einerseits ist hier die objektiv vorgegebene wie individuell gewählte Berufsrolle, das gesellschaftlich konstituierte und gesetzlich sanktionierte „Berufsbild" stark darauf fixiert, vorgegebene Aufgaben neutral, d. h. unter weitgehender Ausschaltung persönlicher Präferenzen und Werte und individueller Selbstverwirklichung auszuführen. Zudem erhält in diesem Bereich, insbesondere wenn es um den Kern traditioneller Hoheitsverwaltung geht (Militär, Polizei, allgemeine Ordnungsverwaltung, Finanzverwaltung), die politisch verantwortliche Führungsentscheidung wesentliches Gewicht, zumal, wenn sich die vorhandenen Spielräume der Verwaltung noch innerhalb des hierarchischen Instanzenzuges konkretisieren und autoritativ festlegen lassen. Andererseits dürfte es auch hier grundrechtlich gerechtfertigt sein, eine völlige Instrumentalisierung der Beschäftigten zu vermeiden. In Abstimmung mit der politischen Verantwortung der Verwaltungsspitze ist dies z. B. durch das Remonstrationsrecht des Beschäftigten gewährleistet. Zudem bestehen

selbst hier noch Handlungsspielräume der Verwaltung, innerhalb deren Raum für die berufliche Entfaltung der Beschäftigten bleibt und grundrechtlich gerechtfertigt ist, insbesondere da eine Mitwirkung der Beschäftigten nicht in Konflikt mit der politischen Leitungsbefugnis zu geraten braucht.

d) Personale Autonomie und
der Grundrechtsschutz besonderer Sachbereiche

Ging es im Vorherigen um den programmatischen, organisationsrelevanten Aspekt der Grundrechte der Beschäftigten des öffentlichen Dienstes, so erhalten die Grundrechte als subjektive Rechte dort stärker Gewicht, wo wie bei Art. 5 Abs. 1 Satz 2 und Art. 5 Abs. 3 GG, eine *Identität von Verwaltungsaufgabe und grundrechtlicher Freiheitsverbürgung* besteht.

aa) Bei der *Wissenschaftsfreiheit* gem. Art. 5 Abs. 3 GG ist es seit der Analyse Rudolf Smends[123] anerkannt, daß sie dem beamteten Wissenschaftler gerade auch bei Erledigung seiner Amtsgeschäfte zusteht und aus ihr zudem die Autonomie der Organisation Universität, in der diese Aufgabe in öffentlich-rechtlicher Form institutionalisiert ist, abgeleitet werden muß. Das Bundesverfassungsgericht[124] hat diesen Ansatz nicht so sehr in der Form der institutionellen Gewährleistung übernommen, sondern eher die programmatische und organisationsgestaltende Funktion des individuellen Grundrechts betont und deshalb auch als Grundrechtsträger alle am Wissenschaftsprozeß Beteiligten angesehen.

Diese Verbindung von individuellem subjektiven Grundrecht des Beschäftigten gerade in seiner Amtstätigkeit und der grundrechtlich gewährleisteten institutionell-organisatorischen Autonomie der Verwaltungseinrichtung stellt eine Ausnahme im öffentlichen Dienst- und Organisationsrecht dar[125], die vor allem aus der Sachstruktur des Prozesses wissenschaftlicher Forschung[126] und künstlerischen Schaffens[127] selbst folgt. Deshalb dürfte es problematisch sein, diesen Ansatz über den eigentlichen Bereich wissenschaftlicher Forschung und der Verbindung von wissenschaftlicher Forschung und Lehre[128] an den Univer-

---

[123] Das Recht der freien Meinungsäußerung (1928), in: ders., Staatsrechtliche Abhandlungen, 2. Aufl. 1968, S. 106 ff.

[124] BVerfGE 35, S. 79 ff.

[125] Zu den prinzipiellen dogmatischen Problemen Schnapp (III Anm. 95).

[126] Blankenagel, Wissenschaftsfreiheit aus der Sicht der Wissenschaftssoziologie, AöR 1980, S. 35 ff.; Schrödter, Die Wissenschaftsfreiheit des Beamten, 1974, S. 29 ff.

[127] Vgl. Knies, Schranken der Kunstfreiheit als verfassungsrechtliches Problem, 1967, S. 177 ff.; F. Müller, Freiheit der Kunst als Problem der Grundrechtsdogmatik, 1969, S. 67 ff.

sitäten und wissenschaftlichen Institutionen hinaus auf jede wissenschaftlich fundierte Berufspraxis im öffentlichen Dienst zu übertragen, wie dies vor allem zur Begründung der „pädagogischen Freiheit" des Lehrers versucht worden ist[129]. Auch hier dürften Ansatzpunkt eher die Grundrechte der Art. 12 sowie 1 und 2 GG sein. Dabei machen die erheblichen Gestaltungsspielräume, die der Gesetzgeber selbst im Bereich der wissenschaftlichen Lehre an den Hochschulen im Interesse einer Vereinheitlichung des Bildungswesens und einer effizienten Nutzung der Ausbildungskapazitäten für sich reklamieren kann[130], deutlich, wie wenig Spielräume den Lehrern an den Schulen selbst dann zuständen, wenn die Freiheit der wissenschaftlichen Lehre auch auf sie anwendbar wäre.

Ähnliche Grundsätze wie für die Freiheit der Wissenschaft müßten dagegen auch für die *Freiheit der Kunst* und die Ausübung künstlerischen Schaffens als Amtsträger in öffentlichen Verwaltungseinrichtungen gelten, da — im hier interessierenden Zusammenhang — keine Gesichtspunkte zu erkennen sind, die die grundrechtliche Gewährleistung der Wissenschaftsfreiheit von der der Kunstfreiheit und den Prozeß wissenschaftlicher Forschung von dem Prozeß künstlerischen Schaffens unterscheiden[131]. Gerade dort, wo wissenschaftliche Forschung oder künstlerisches Schaffen in öffentlichen Einrichtungen in arbeitsteiliger und kooperativer Form, etwa in Teams oder Ensembles, geschieht, sind mehrere organisatorische Modelle denkbar und einige auch realisiert[132], die die wissenschaftliche und künstlerische Freiheit der Beschäftigten gewährleistet: Allen gemeinsam ist eine weitgehende Herauslösung aus der hierarchischen Leitungsbefugnis der politischen Spitze der Verwaltung. Daß innerhalb der homogenen Gruppe[133] der Wissenschaftler / Künstler eine Wissenschaftler- / Künstlerperson Lei-

---

[128] Auf sie stellt es das Bundesverfassungsgericht (E 35, 112 f.) entscheidend ab.

[129] Vgl. Kopp (II Anm. 25), S. 892 m. w. N. sowie Beck, Die Geltung der Lehrfreiheit des Art. 5 Abs. 3 GG für Lehrer an Schulen, Diss. Bonn 1975; Dietze (I Anm. 19), S. 153 ff. Zusammenfassend und kritisch dazu: Richter (III Anm. 77), S. 250 ff.

[130] Dazu in letzter Zeit: Siekmann, Zusammenwirken von Staat und Hochschule bei der Besetzung von Lehrstühlen, DÖV 1979, S. 82 ff.; ders., Die Bestimmung der akademischen Lehre durch hochschulfremde Einrichtungen, 1978; H.-W. Arndt, Studienreform und Studienreformkommission. Zur verfassungsrechtlichen Problematik des § 9 HRG, WissR, 1979, S. 213 ff.; Asche, Hochschulautonomie — Wissenschaftsfreiheit im Abseits, 1975.

[131] Zur Geltung der Kunstfreiheit für die im öffentlichen Dienst Beschäftigten vgl. neuerdings BVerwG v. 18. 3. 1981, DVBl. 1981, S. 1054 ff. mit Anm. Ladeur.

[132] s. o. I Anm. 15, 16. Ausdrücklich bestätigt das BVerwG (III Anm. 131) diesen Spielraum.

[133] Zu den Homogenitätsanforderungen: BVerfGE 43, S. 242 ff. und 56, S. 192 ff.

tungsfunktionen inne hat (Intendant etc.), beruht im wesentlichen auf Zuweisung kraft staatlichem Organisationsrechts und kann deshalb auch durch staatliches Organisationsrecht in Richtung auf eine Mitwirkung anderer Wissenschaftler / Künstler verändert werden. Daß diese Leitungsfunktion gleichzeitig auch voll dem Grundrechtsschutz des Art. 5 Abs. 3 GG unterliegen soll[134], aus Art. 5 Abs. 3 GG also gleichsam eine hierarchische Struktur innerhalb der Wissenschaftler / Künstler ableitbar ist, läßt sich weder aus dem Normtext noch aus der Funktion des Grundrechts, schöpferische, freie Kommunikation zu ermöglichen, ableiten. Ob eine solche hierarchische Struktur von den tatsächlichen Gegebenheiten her jeweils die beste Voraussetzung für künstlerisches / wissenschaftliches Schaffen ist, ist ein empirisches Problem, das erst nach vielfältigen Versuchen und dann auch nur innerhalb großer organisatorischer Spielräume und erheblicher Bandbreiten für die jeweilige Organisation entscheidbar ist.

bb) Nach wohl überwiegender Ansicht sind eigenständiger Träger der *Rundfunkfreiheit* neben den Rundfunkanstalten selbst auch — zumindest gegenüber Einwirkungen von außen — die Programmmitarbeiter[135]. Denn es sind letztlich sie, die die Meinung „der Rundfunkanstalt" bilden. Doch lassen sich hieraus nur beschränkt Mitwirkungsrechte der Mitarbeiter legitimieren[136]. Eine historische und systematische Analyse der Rundfunkfreiheit macht deutlich, daß sie als ein Medium der Massenkommunikation der Meinungsbildungsfreiheit der Rundfunkkonsumenten dient[137]. Um dieses Ziel zu sichern, haben die Parlamente in der Bundesrepublik in sicherlich verfassungsrechtlich zulässiger Weise durchweg den Weg gewählt, die inhaltliche Verantwortung Leitungsorganen, die pluralistisch durch gesellschaftliche Gruppen besetzt werden, und von ihnen gewählten Intendanten (bzw. kollegialen Direktorien) zu übertragen. Im Gegensatz zu den Grundrechten aus Art. 5 Abs. 3 GG kann das Grundrecht der Rundfunkmitarbeiter aus Art. 5 Abs. 1 Satz 2 GG — selbst dann, wenn man seine Geltung auch auf das Binnen-

---

[134] So Ipsen (I Anm. 15). Unklar BVerwG (III Anm. 131); einerseits ist Grundrechtsträger das ganze Theater dann (auch) der Intendant. Kritisch auch Ladeur (III Anm. 131); ders., Kunstfreiheit und Kunsthochschulstruktur, WissR 1978, S. 205 ff., 216 f. Zuzustimmen ist den Bedenken Ipsens gegen ein Letztentscheidungsrecht der Verwaltungsspitze bei Pattsituationen etc.

[135] Vgl. Hoffmann-Riem (I Anm. 23), S. 16 ff.; Bethge (I Anm. 22), S. 40 ff.; Müller / Pieroth, Politische Freiheitsrechte der Rundfunkmitarbeiter, 1976, S. 38 ff., alle m. w. N.

[136] Vgl. hierzu insbesondere Müller / Pieroth und Hoffmann-Riem, beide m. w. N.

[137] Kritisch zu dieser Funktionsbestimmung aber: Jarass, Die Freiheit der Massenmedien, 1978, S. 138 ff. einerseits sowie zur funktionalen Deutung der Grundrechte insgesamt Schmitt Glaeser, Kabelkommunikation und Verfassung, 1979, S. 99 ff., 153 ff. andererseits.

verhältnis zur Rundfunkanstalt bezieht — eine Mitwirkung im inhaltlichen (Programm-)Bereich nur begründen, soweit sie sich im Rahmen
der Sachstrukturen des Normbereichs „öffentlich-rechtlicher Rundfunk" hält und der Effektivierung der Rundfunkfreiheit dient. Die
Mitwirkung kann in der jetzigen Rundfunkorganisation allenfalls einige
Elemente einer fachlich-direktiven Mitwirkung (Anhörungsrechte, be-
sonderer Kündigungsschutz etc.), jedoch nicht weitgehende Mitbestimmungsrechte umfassen.

cc) Besonders zur grundrechtlichen Absicherung der pädagogischen
Freiheit des Lehrers ist versucht worden, diese als *fremdnütziges
Grundrecht aus dem Grundrecht der Bürger,* hier dem Grundrecht der
Schüler auf Selbstentfaltung in der Schule[138] und dem Elternrecht[139],
abzuleiten. Dieser Auffassung ist insoweit zuzustimmen, als sie betont,
daß die grundrechtliche Freiheit des Bürgers zur Ergänzung und Absicherung u. U. eine ausdifferenzierte Verwaltungsstruktur erfordert.
Dennoch erscheint es äußerst problematisch, aus den Grundrechten der
Bürger eigene Rechte der Verwaltungsbediensteten, die im Verhältnis
zum Bürger Amtsperson sind und gegenüber denen die Grundrechte des
Bürgers Geltung beanspruchen müssen, abzuleiten[140]. Eine Grundrechtsdogmatik kann diese Normstruktur der Grundrechte nicht überspringen;
sie sollte zudem die schwierige Aufgabe, verschiedene, eigenständige
und gegenläufige Grundrechte, Verfassungsprinzipien und Effektivitäts-
kriterien durch Organisation und Verfahren miteinander abzustimmen,
nicht durch dogmatische Konstrukte überdecken.

---

[138] Perschel, Die Lehrfreiheit des Lehrers, DÖV 1970, S. 1 ff.; Stock, Pädagogische Freiheit und politischer Auftrag der Schule, 1971; Kopp (II Anm. 25),
S. 893.

[139] Vgl. Kopp (II Anm. 25), S. 893.

[140] Vgl. die Kritik von Richter (III Anm. 86), S. 253/4; Starck (II Anm. 71),
S. 269 ff., 273/4; Oppermann (III Anm. 91), S. C 42.

IV. Zusammenfassung

Hauptziel dieser Ausführungen war es, auf die großen Spielräume hinzuweisen, die unter verwaltungsorganisatorischen wie verfassungsrechtlichen Aspekten bestehen, um Formen der fachlich-direktiven Mitwirkung der Bediensteten in der öffentlichen Verwaltung einzuführen. Dabei galt es, die Besonderheiten der personalen Dienstleistungen deutlich zu machen, die für eine fachlich-direktive Mitwirkung sprechen. Wegen dieser Spielräume lassen sich weder normative Aussagen über die funktional-optimale Organisationsform personaler Dienstleistungen machen noch lassen sich ein absolutes Verbot oder Gebot einer fachlich-direktiven Mitwirkung im öffentlichen Dienst verfassungsrechtlich begründen.

Im einzelnen können folgende Ergebnisse festgehalten werden:

1. Neuere Formen fachlich-direktiver Mitwirkung der Bediensteten der öffentlichen Verwaltung haben sich vor allem im Bereich der personalen Dienstleistungen entwickelt (Schule und sonstige Bildungseinrichtungen, Hochschulen und Rundfunkanstalten, Sozialarbeit, Krankenhäuser, Museen und Theater).

2. Diese neueren Formen fachlich-direktiver Mitwirkung haben ihre Gründe u. a. darin, daß sie die Mitbestimmung nach dem Personalvertretungsrecht unterstützen, die Arbeitszufriedenheit der Bediensteten steigern und die Effektivität des Verwaltungsvollzuges dadurch erhöhen können, daß sie die Arbeitsmotivation der Bediensteten stärken und ihr Wissen und ihre Fähigkeiten mobilisieren; andererseits kann eine fachlich-direktive Mitwirkung zumindest bei bestimmten Entscheidungsformen auch eine effektivitätshemmende Wirkung haben.

   Vor allem tragen diese neueren Formen fachlich-direktiver Mitwirkung den Besonderheiten der Aufgabengebiete, in denen sie entwickelt worden sind, Rechnung: Die personalen Dienstleistungen erfordern eine fachlich-professionelle Selbständigkeit der Bediensteten und eine nicht geregelte, direkte Kommunikation mit den Bürgern, die vom persönlichen Engagement der Bediensteten getragen wird, stark situationsbezogen ist und auf die Bedürfnisse des Bürgers eingeht.

Zugleich lassen sich diese personalen Dienstleistungen nur schwer formalisieren und von außen programmieren und kontrollieren, so daß sich bei ihnen auch die traditionellen Formen demokratisch-parlamentarischer Legitimation und Kontrolle, die auch grundsätzlich nur begrenzt effektiv sind, kaum realisieren lassen. Die Formen fachlich-direktiver Mitwirkung können hier, insbesondere wenn sie mit Gremien, die mit parlamentarisch verantwortlichen Vertretern besetzt sind, verbunden werden, neue Formen der Kontrolle enthalten.

3. Absolute verfassungsrechtliche Bedenken aus dem Demokratieprinzip lassen sich gegen die fachlich-direktive Mitwirkung nicht einwenden. Die fachlich-direktive Mitwirkung schränkt zwar z. T. das Einzelweisungsrecht des parlamentarisch verantwortlichen Ministers ein; doch ist dieses Einzelweisungsrecht nur eine, und zudem eine verfassungsrechtlich nicht absolut gebotene, Modalität, mit der die parlamentarische Legitimation und Kontrolle der Verwaltung gewährleistet werden soll. Die anderen verfassungsrechtlich gleichgewichtigen Modalitäten (Gesetzesbindung, persönliche Legitimation der Mitwirkenden, sonstige Kontrollrechte) sind bei der fachlich-direktiven Mitwirkung gewahrt und gewinnen insbesondere dann an Bedeutung, wenn das Einzelweisungsrecht der parlamentarisch verantwortlichen Verwaltungsspitze erheblich eingeschränkt ist.

Auch der allgemeine Gleichheitssatz wird durch eine fachlich-direktive Mitwirkung nicht verletzt, da zahlreiche spezielle, sachliche Gründe für diese Mitwirkung sprechen. Die hergebrachten Grundsätze des Berufsbeamtentums lassen genug Spielräume und Differenzierungsmöglichkeiten, um eine fachlich-direktive Mitwirkung zu realisieren, zumal diese Grundsätze keine Festlegung über die Organisation der Verwaltung enthalten.

Grundrechte der Bediensteten können vor allem dort, wo sie direkt mit der Amtsausübung verbunden sind (Art. 5 GG), eine Mitwirkung rechtfertigen; ansonsten vermag die teilhabe- und organisationsrechtliche Geltungskraft des Art. 12 GG allgemein, und insbesondere bei den personalen Dienstleistungen, bei denen von der Sache her schon Spielräume zur personalen beruflichen Entfaltung notwendig sind, eine fachlich-direktive Mitwirkung der Bediensteten zu rechtfertigen.

MIX
Papier aus verantwortungsvollen Quellen
Paper from responsible sources
FSC® C105338

Printed by Libri Plureos GmbH
in Hamburg, Germany